Criptomonedas

Criptomonedas para principiantes

(Blockchain y Bitcoin)

Jordan Smith

Arturo Juan Rodríguez Sevilla (Traductor)

Este documento está orientado a proporcionar información exacta y fiable en relación con el tema y la cuestión tratados. La publicación se vende con la idea de que el editor no está obligado a prestar servicios de contabilidad, oficialmente permitidos o de otro tipo. Si el asesoramiento es necesario, legal o profesional, se debe ordenar a una persona que ejerza la profesión.

- De una Declaración de Principios que fue aceptada y aprobada igualmente por un Comité de la Asociación Americana de Abogados y un Comité de Editores y Asociaciones.

La información aquí proporcionada es veraz y consistente, en el sentido de que cualquier responsabilidad, en términos de falta de atención o de otro tipo, por cualquier uso o abuso de las políticas, procesos o instrucciones contenidas en ella es responsabilidad exclusiva y total del lector receptor. Bajo ninguna circunstancia se tendrá responsabilidad legal o culpa contra el editor por cualquier reparación, daño o pérdida monetaria debida a la información aquí contenida, ya sea directa o indirectamente.

Tabla de Contenidos

Capítulo 1: Introducción

Criptomoneda. La última palabra de moda. Parece que las noticias aparecen en las noticias casi a diario. Sólo que la palabra parece tener una llamada mágica. Sin embargo, lejos de la magia, la criptomoneda emplea principios muy científicos de la computación moderna y los principios matemáticos que permiten que tales sistemas funcionen de manera perfecta.

Las criptomonedas no podrían existir sin las computadoras.

La criptomoneda no podría existir sin Internet.

Y el mundo no puede mantener las economías nacionales sin Internet.

Por lo tanto, el mundo de los humanos, los gobiernos que se oponen en gran medida a la criptomoneda, deben aceptar el medio económico. Más que esto, el público necesita entender cómo usar la criptomoneda y los inversores necesitan saber cómo fomentar el uso, porque el uso (la demanda) es necesaria para que el comercio se produzca dentro de la oferta. De hecho, sin demanda, no hay necesidad de oferta.

Capítulo 2: Conceptos básicos de Criptomoneda

Criptomoneda es el nombre dado a cualquier moneda digital que se considere segura debido a la criptografía - o a un tipo particular de método de encriptación que es perfecto para todo el proceso de la cadena de bloques. Lo que es asombroso acerca de las criptomonedas es que ninguna autoridad central las gobierna. Son orgánicas y son un sistema perfecto por sí mismas. El gobierno o cualquier persona que no esté involucrada en Blockchain (cadena de bloques) no puede manipularlos de ninguna manera, manteniendo sus fondos siempre bajo control. De hecho, es virtualmente imposible para cualquier cuerpo gobernante rastrear cualquier transacción y asociarla a un individuo. Esto es lo que hace que las criptomonedas sean tan fascinantes y por qué algunos gobiernos están muy en contra de las criptomonedas.

Una cosa acerca de las transacciones en criptomonedas es que pueden ser utilizadas para actividades ilícitas - como la evasión fiscal o incluso el lavado de dinero. Antes de una mayor adopción en 2017, particularmente en los primeros años, ha habido mucha controversia sobre los usos de las criptomonedas, que sólo se utiliza para actividades realizadas en la red oscura, incluyendo el tráfico de drogas.

Esto es diferente en 2017, donde ha habido una mayor aceptación de las criptomonedas, con algunos bancos que incorporan la tecnología Blockchain (cadena de bloques) y varias compañías que aceptan criptomonedas como forma de pago. El principal argumento a favor de las criptomonedas es la capacidad de las partes para enviar y aceptar fácilmente fondos entre sí, incluso en forma de criptomoneda, y sólo con comisiones de transacción mínimas. También hay muchos otros usos para la criptocurrencia, incluyendo la financiación colectiva y la votación en línea. Después de todo, a las personas les resulta más fácil gastar las monedas en línea en lugar de las reales, ya que tampoco le causan demasiadas molestias.

Cryptomoneda es dinero creado por el uso de técnicas de encriptación de programación avanzada de computadoras. Estas mismas técnicas se utilizan para llevar a cabo y verificar la transferencia de fondos. Las criptomonedas son independientes de los bancos centrales y están descentralizadas. Esto significa que las partes pueden enviar y recibir fondos directamente entre sí sin necesidad de intermediarios. Para la mayoría de las gente, enviar dinero es una molestia, especialmente cuando se quiere enviar dinero al extranjero. Si está transfiriendo dinero entre bancos locales, los bancos podrían tardar días en compensar y verificar las transacciones que se van a realizar. Cuando se envía al extranjero, este es un caso diferente; en ciertas situaciones esto podría tomar más de una semana, por no hablar de las tarifas de procesamiento de las transacciones. Algunas compañías importantes como Western Union permiten transacciones más rápidas, pero esto tiene un costo, los cargos. Bienvenido Bitcoin.

En 2009, Bitcoin se convirtió en la primera criptomoneda practicable, demostrando que podía existir una moneda descentralizada. Esto es irónico, dado que el inventor de Bitcoin, Satoshi Nakamoto, nunca se propuso crear una nueva forma de dinero. Quería resolver el problema del efectivo digital centralizado y creó un sistema de efectivo digital de igual a igual. Terminó desarrollando Bitcoin, una forma de moneda totalmente no regulada, que se basaba en extensos cálculos matemáticos para validar la autenticidad. Fue con el nacimiento de Bitcoin que la criptomoneda se convirtió en una realidad, cambiando para siempre la forma en que realizamos las transacciones.

Las implicaciones de la criptomoneda son tan grandes que algunos bancos centrales han intentado involucrarse en la tecnología, y algunos han intentado emitir sus propias criptomonedas. Sin embargo, la moneda que producen no se considera oficialmente criptomoneda ya que sólo pueden desarrollar dinero centralizado. La idea detrás de la descentralización es permitir que el mercado abierto influya en el poder. Con la centralización, todo el poder y control está en el cuerpo centralizado, los bancos centrales, lo que significa que usted y yo no tenemos voz ni voto en cuanto a la cantidad de dinero que se crea ni en cuanto a su valor. En este sentido, la Reserva Federal puede manipular el valor de las monedas tradicionales (es decir, el dólar estadounidense) imprimiendo más dinero y no hay nada que podamos hacer. Los partidarios de la criptomoneda están muy interesados en mantener la "verdadera" moneda digital descentralizada y, debido a ello, las criptomonedas han demostrado ser muy favorables. Debido a la naturaleza única de las criptomonedas, es realmente deflacionaria; a medida que pasa el tiempo, el valor de la mayoría de las criptomonedas subirá.

Capítulo 3: Criptomonedas Contra moneda Fiat

Bitcoin y otras criptocurrencias son actualmente muy volátiles. ¿Quién quiere comprar cualquier moneda con una fluctuación tan alta? Desafortunadamente, ahora es mucha especulación y FOMO (Miedo a perderse algo, por sus siglas en inglés). La gente no tiene idea real de para qué pueden usarlo o cómo podría cambiar el mundo, pero sólo quieren subirse a bordo porque ven esas locas ganancias y quieren ser parte de él. Pero déjeme preguntarte algo:

- ¿Cree usted que su moneda real, como el dólar estadounidense o el euro en su bolsillo, valdrá lo mismo mañana?

Si su respuesta es afirmativa, significa que está intangiblemente optimista acerca de la economía de su país. Cualquier moneda tiene valor porque la gente cree que seguirá teniendo valor. Cuando andábamos por ahí con monedas de oro en los bolsillos, puede que no supiéramos adónde iba el precio del oro, pero sabíamos que el oro seguiría siendo oro, y esto era todo lo que contaba en el pasado: la confianza en el sistema.

Ninguna divisa puede estar totalmente libre de volatilidad - la tendencia a subir y bajar de valor. Por el momento, nuestra moneda fiduciaria familiar está menos sujeta a fluctuaciones salvajes que la criptomoneda, pero aún no sabemos cómo va a cambiar en el futuro.

¡Los gobiernos económicamente atados pueden anunciar una mañana que han decidido dar a los ahorros de todos un pequeño recorte en la parte superior! Si usted se fija en cualquier crisis actual como la de Venezuela, verá que el gobierno tiene el control total de su dinero y sus ahorros. De repente, ya no funciona ningún cajero automático, y si no tiene un montón de dinero en efectivo o comida en alguna parte, puedes estar en serios problemas. Ahora para muchos, este es un ejemplo extremo, y nadie puede imaginar que esto nos sucederá porque hemos estado viviendo en tiempos de paz durante mucho tiempo. Piensa que su moneda es estable hasta cierto punto y que seguirá siéndolo en el futuro.

Otro ejemplo de control y regulación total de la moneda fiduciaria puede ser la impresión bajo demanda. Aunque la mayoría de la gente piensa que esta afirmación está sobrevalorada, todos los órganos rectores de todo el mundo pueden crear fácilmente moneda fiduciaria adicional de la nada. Al aumentar la oferta total de FIAT (dinero regulado por el gobierno, por sus siglas en inglés) respaldada por el valor anterior, todo el dinero en circulación se vuelve menos valioso. Hablando de moneda fiduciaria "respaldada" por activos para simplemente crear la ilusión de valor, el dólar estadounidense no ha estado atado a un activo tangible desde hace bastante tiempo. De hecho, cada dólar estadounidense en circulación está respaldado únicamente por "la fe y el crédito plenos de los Estados Unidos" y ya no tiene ningún valor inherente o intrínseco.

Además, una vez que se ha generado nuevo dinero impreso de la nada sin valor para él, el Tesoro de los Estados Unidos distribuye todos los fondos adicionales a uno de los doce bancos de la Reserva Federal. Los Bancos de la Reserva Federal crearon un ecosistema no transparente en el que un puñado de personas determinan la riqueza de toda una nación. Todas estas instituciones financieras pueden simplemente hacer lo que les plazca, ya que no hay un supervisor directo de ninguna rama del gobierno. Esta es una gran preocupación para el mundo libre.

Capítulo 4: Subida de Criptomoneda

Las criptomonedas, como Bitcoin, Ethereum, Litecoin y otras, han tenido mucha publicidad, especialmente en 2017. Esto se debe principalmente a la gran exposición dada por las noticias, los medios sociales y las instituciones financieras. A medida que los niveles de alfabetización financiera/digital de la población en general han aumentado, la aceptación de la criptomoneda también ha dado un salto en el poder adquisitivo. En 2010, un inversor de Bitcoin, conocido como Laslo, afirmó haber comprado dos pizzas por aproximadamente 10.000 Bitcoins. Se consideró el primer caso en el que se utilizó una criptomonedas para realizar una compra. En ese momento, Bitcoins prácticamente no valía nada. A partir de noviembre de 2017, Bitcoin tiene un valor superior al del oro, con una moneda de casi 10.000 dólares.

Al principio, la mayoría eran muy escépticos respecto a Bitcoin y su tecnología, ya que la veían como una forma de falsificación o como un dispositivo de delincuentes. Esto fue particularmente así cuando se publicitó como el medio de comercio en la "Ruta de la Seda", una parte de la oscura Internet donde todo tipo de comportamiento desagradable era desenfrenado.

Sin embargo, ahora hay una creciente participación de empresas y gobiernos legítimos con criptomoneda. Se incorporan nuevas aplicaciones e incluso cajeros automáticos para permitir que se realicen transacciones en criptoomoneda. Como consecuencia, la capitalización de mercado de todas las criptocurrencies es de más de $250,000,000,000,000!

A mediados de 2017, hemos visto un aumento en las criptomonedas, revelando más de 1000 criptomonedas. La mayoría de la gente ha oído hablar de Bitcoin, especialmente desde que los recientes ataques de rescate han exigido el pago en Bitcoins. El beneficio para los criminales de esto es que cualquier pago por parte de la víctima sería imposible de rastrear.

Si se revisa el sitio web de coinmarketcap, se verá que hay un pequeño gráfico al lado del tipo de criptomoneda, cada uno mostrando el movimiento de la moneda en la última semana, así como el cambio porcentual en las últimas 24 horas. Se verá que hay una disparidad significativa en los valores de las diversas criptomonedas con un Bitcoin que vale casi $10,000 y una capitalización de mercado total de más de $150,000,000,000. Otra moneda criptográfica llamada Bytecoin valía menos de un centavo, aunque la capitalización total de Bytecoins era de más de 200 millones de dólares. Algunas criptomonedas tienen pequeñas capitalizaciones. Un ejemplo es mikethemug criptomoneda con una capitalización de aproximadamente $1000! Sólo leyendo esto, se estará preguntando cómo una moneda como'mikethemug' puede ser tomada en serio, y con todo respeto por mikethemug, es realmente más fácil de lo que la mayoría de la gente piensa crear y emitir una moneda, lo que hace que algunos individuos sean bastante escépticos acerca de las criptomonedas.

Aunque hay muchos proyectos potenciales válidos y emocionantes dentro de las criptomonedas, hay que tener en cuenta que también hay muchas monedas de'broma' sin valor fundamental real. Un buen ejemplo es Dogecoin que yo mismo encuentro bastante histérico, sin embargo, la moneda en sí no sirve para nada más que para representar el patriotismo que la sociedad ha creado a través de memes histéricos e Internet. Para ponerlo en perspectiva, Dogecoin tiene una capitalización de mercado de más de 200.000.000 de dólares, basada en el meme de un perro.

Tendremos más que decir sobre la calidad y el valor de las criptocmonedasmás adelante.

Criptomoneda como dinero

A pesar de la palabra "moneda" en la palabra "criptomoneda", existen mayores similitudes entre criptomonedas y stocks que entre criptomonedas y criptomonedas fiat. Una compra de un poco de criptomoneda es semejantemente una compra de una acción de la tecnología, de una entrada en un libro mayor digital llamado un blockchain, y de una parte de la red digital para esa criptomoneda. La compra de criptomoneda es similar a la compra de acciones porque cada'criptomoneda' representa un proyecto diferente. Cuando usted compra estas criptomonedas, está comprando una acción dentro del proyecto. Un ejemplo de lo cual es Ethereum o Ether. Tener Ether permite al inversor participar en la votación dentro de la red Ethereum.

La criptomoneda es un medio de intercambio que utiliza la criptografía para que las transacciones sean seguras. Se utilizan para ejercer control sobre la fabricación de otras unidades de la moneda. Las criptomonedas son un tipo de lo que se llama monedas alternativas; diferentes de las monedas tradicionales, como las que todo el mundo conoce, el dólar estadounidense, el euro, la libra esterlina, etc.

Debido a sus frecuentes y grandes fluctuaciones de valor, uno de los dos fundamentos del dinero, a saber: "una reserva de valor", está ausente. Dentro de cualquier mercado nuevo, hay grandes fluctuaciones en los precios de los activos. Pero a medida que el mercado comienza a crecer con el tiempo, verá la estabilidad de precios, así como más usos institucionales y comerciales. Un buen ejemplo es el mercado de valores en períodos de recesión, donde la incertidumbre generalmente conduce a grandes fluctuaciones en los precios. Sin embargo, la mayoría de las veces, los precios de las grandes empresas de capitalización en el mercado de valores son bastante estables. Dentro del mercado de la criptomoneda, Bitcoin está empezando a desarrollarse como la criptomoneda más estable.

Irónicamente, Bitcoin se lanzó inicialmente para permitir la realización de transacciones descentralizadas entre pares, pero debido a la explosiva popularidad de Bitcoin en los últimos años, Bitcoin se ha convertido en una tienda de valor debido a los ridículos costes de transferencia de Bitcoin entre carteras. Muchos individuos ven a Bitcoin como el estándar de oro dentro del mundo de las criptomonedas, y al igual que el oro, muchos inversores eligen mantener a Bitcoin dentro del mercado de las criptomonedas. Algunas monedas digitales exhiben el comportamiento de países con inflación significativa en los que no se retiene ese valor.

Capítulo 5: Comprensión de la Tecnología de las Cadenas de Bloques

Si ha oído un par de cosas sobre las criptomonedas, puede que haya oído hablar de la cadena de bloques, que es la tecnología que impulsa a Bitcoin y a cientos de otras criptomonedas. Más allá de esta definición común, ¿sabe qué es realmente la cadena de bloques? ¿Sabe cómo funciona?

La cadena de bloques tal y como la conocemos hoy en día es la ingeniosa idea del inventor seudónimo de Bitcoin, Satoshi Nakamoto. Descrito de manera sencilla, la cadena de bloques es un registro público descentralizado y permanente de transacciones. En otras palabras, la cadena de bloques es un libro mayor público donde las entradas no pueden ser alteradas una vez que han sido agregadas. Sin embargo, también está descentralizada. ¿Qué significa esto?

La descentralización significa que no hay una autoridad central a cargo del poder de tomar decisiones. En cambio, esta responsabilidad se delega a todos los miembros de la organización. Con la cadena de bloques, esta responsabilidad recae en todos los ordenadores de la red. Por lo tanto, ninguna entidad puede regular la cadena de bloques. En cambio, los miembros se relacionan entre sí basándose en reglas matemáticas que todos tienen que obedecer. Si hay que tomar una decisión o realizar una transacción, todos los ordenadores de la red tienen que estar de acuerdo en que se ha producido para poder verificarla. Para facilitar la comprensión del concepto de descentralización, utilizaré una ilustración:

Tradicionalmente, cuando dos personas querían colaborar en un documento, una persona trabajaba en él y se lo enviaba a la otra para que le añadiera sus revisiones. En este escenario, la primera persona no puede ver las modificaciones realizadas por la otra persona hasta que se devuelva una copia del documento revisado. La primera persona también tendrá que esperar a que el documento revisado sea devuelto antes de hacer cualquier otro cambio. Al final, sería una sola persona la que decidiría qué versión debería utilizarse como la versión correcta. Sin embargo, si las dos personas utilizaran el software Google Docs, ambos tendrían acceso al documento simultáneamente. Ambos podrían hacer cambios al mismo tiempo y la última versión del documento estaría disponible para ambos al mismo tiempo.

Tener que enviar el documento para que se realicen los cambios se puede comparar con el funcionamiento actual de las bases de datos. Este es el sistema utilizado por los bancos para procesar los saldos y transferencias de dinero. El acceso se bloquea brevemente en un lado, se realiza la transferencia y luego se vuelve a abrir el acceso. La cadena de bloques, por otro lado, puede compararse con la aplicación de Google Doc, en la que todo el mundo tiene el mismo registro del libro mayor público en todo momento. Sin embargo, en lugar de ser compartida entre dos personas, la cadena de bloques se distribuye entre varias personas. Sin embargo, la cadena de bloques lo lleva un paso más allá. En lugar de que una persona tome una decisión sobre qué documento debe utilizarse como la versión correcta, todas las personas con acceso al documento tienen que llegar a un acuerdo sobre la versión correcta. Esto le da a la cadena de bloques una robustez similar a la de Internet. No puede ser controlado por una sola persona y no tiene un solo punto de fallo.

Al igual que la aplicación Google Doc, la cadena de bloques siempre está en un estado de consenso. Se comprueba cada pocos minutos y se actualiza automáticamente a la última versión de todos los nodos. Los grupos de transacciones entre cada actualización automática se conocen como un bloque. El constante estado de consenso tiene dos efectos. En primer lugar, mejora la transparencia, ya que la última versión de la base de datos es visible para todos los miembros de la red. Más importante aún, significa que la cadena de bloques no puede ser corrompida. Corromper la cadena de bloques significaría obtener el control de la mayoría de los ordenadores de la red. Aunque esto parece posible en teoría, es muy poco probable que ocurra, ya que necesitaría grandes cantidades de potencia computacional. Tomar el control de la cadena de bloques también destruiría el valor de las criptomonedas.

Una Red de Nodos

La cadena de bloques está formada por una red de ordenadores conocidos como nodos. Estas computadoras ejecutan el protocolo de cadena de bloques, lo que les permite enviar y recibir mensajes entre sí. Los nodos pueden unirse a la red voluntariamente. Una vez que un nuevo nodo se une a la red, descarga automáticamente la última versión del bloque. Estos nodos son uno de los elementos más importantes de cualquier red de cadenas de bloques. Una vez que un nodo se une a la red, se convierte en un co-administrador de la red. Se le ha dado la responsabilidad de ayudar a verificar cada una de las transacciones que se realizan en la cadena de bloques. Después de la verificación, el nodo registra la operación en un bloque. Esto continúa hasta que se completa un bloque, después de lo cual el nodo lo añade a la cadena de bloques. La posibilidad de ganar monedas de nueva creación actúa como un incentivo para que los nodos realicen estas tareas administrativas en la red de la cadena de bloques.

Cuando un usuario envía monedas a otro usuario, los nodos verifican los datos de la transacción para asegurar la validez de la misma. Compara los datos de la transacción con su versión de la cadena de bloques y comprueba que las monedas no se han gastado dos veces. En caso de que el nodo determine que los datos variables no son válidos, rechaza automáticamente la operación. También rechaza cualquier otra comunicación con el nodo que envió la transacción. Los nodos tienen una relación no basada en la confianza con otros nodos de la red. Por lo tanto, si un nodo envía datos no válidos a los otros nodos, inmediatamente cortan la comunicación con este nodo y lo banean de la red.

Sin embargo, si el nodo determina que los datos de la transacción son válidos, la transacción se envía a los mineros. Los mineros agrupan las transacciones en orden cronológico para formar bloques. Una vez que se completa un bloque, se devuelve a los nodos para su verificación. Toda la validación se realiza por nodos ya que es imposible para ellos propagar información incorrecta. Una vez que los nodos confirman la validez de un bloque, pueden añadirlo a la cadena de bloques.

La eficacia de la tecnología de cadenas de bloques se basa en las siguientes tres tecnologías principales:

Criptografía de clave privada

La cadena de bloques hace posible que las personas puedan realizar transacciones a través de Internet sin necesidad de un tercero de confianza. Sin embargo, para que la transacción sea segura, tiene que haber una forma de confianza. En Internet, la confianza se reduce a dos cosas: autenticación (prueba de identidad) y autorización (prueba de permisos). En pocas palabras, tiene que haber una manera de verificar que alguien es realmente quien dice ser y que tiene el permiso para hacer lo que sea que esté tratando de hacer.

En el caso de la tecnología de cadenas de bloques, la confianza se establece mediante el uso de criptografía de clave privada. La criptografía se basa en las matemáticas para cifrar la información en un código secreto al que no pueden acceder entidades no autorizadas. Para acceder a la información, necesitan una clave para descifrarla.

Una transacción en criptomoneda básicamente involucra a alguien que envía datos encriptados a otra persona. Cada vez que alguien realiza una transacción en la cadena de bloques, la transacción se cifra utilizando claves criptográficas. Para cada transacción se generan dos claves enlazadas matemáticamente: una pública y otra privada. Para realizar una transacción cifrada, se necesita la clave pública. Para descifrar la transacción, hay que tener la clave privada. La clave privada es la dirección de la billetera de criptomoneda, que permite a cualquiera enviar datos cifrados (las monedas cripto) al propietario de la billetera. Sin embargo, para que el propietario reciba las monedas, tiene que descifrar los datos utilizando su clave privada. La clave privada muestra que usted es el propietario de la dirección de la billetera. La clave privada también confirma que tiene permiso para realizar transacciones, es decir, que tiene suficientes monedas para realizar transacciones. A través de la clave privada, la cadena de bloques confirma la autenticidad y la autorización, resolviendo así el problema de la confianza.

Una red distribuida

Para que la cadena de bloques sea efectiva, la autenticación y la autorización no son suficientes. También se necesita una red distribuida de par a par. Esta red ayuda a resolver el problema de seguridad y mantenimiento de registros. Para que las transacciones sean aceptadas como válidas, deben ser confirmadas por toda la red. Esto puede ser explicado usando un famoso experimento de pensamiento conocido como "si un árbol cae en el bosque". Sin embargo, nuestro experimento de pensamiento será modificado ligeramente.

Si un árbol cayó en un bosque y hay dos cámaras grabando el evento, entonces podemos estar seguros de que el árbol realmente cayó ya que hay evidencia visual del evento. Sin embargo, si una cámara grabó la caída del árbol mientras que la otra no lo hizo, entonces no podemos estar seguros de que el árbol realmente cayó. Este es el concepto detrás del valor de la red de cadenas de bloques. Los nodos dentro de la red son las cámaras en nuestra analogía. Si los nodos están de acuerdo en que el evento ocurrió en un momento determinado, entonces hay certeza de que el evento ocurrió. Para que una transacción sea confirmada como válida, la mayoría de los nodos tienen que llegar a un consenso de que la transacción realmente ocurrió. Sin embargo, en lugar de utilizar cámaras, los nodos utilizan rompecabezas matemáticos para la validación.

Cuando la criptografía de clave privada se combina con esta red distribuida, la cadena de bloqueo se vuelve más eficaz. Una persona, usando su clave privada para probar autenticidad y autorización, anuncia a la red que está haciendo una transacción, toda la red observa la transacción y confirma que efectivamente ha ocurrido.

Un incentivo para la seguridad y el mantenimiento de registros

Mientras que la combinación de la criptografía de clave privada y una red distribuida parece infalible, tiene un defecto. ¿Por qué los nodos deberían estar esperando para observar y confirmar que una transacción ha tenido lugar? Dicho de otra manera, ¿cómo atrae la red a los nodos para confirmar las transacciones y hacer que la red sea segura? Aquí es donde entra en juego la minería. Al realizar tareas administrativas y garantizar la seguridad de la red, los nodos son recompensados con monedas de nueva creación. El interés propio de los nodos se utiliza para el bien público.

Capítulo 6: ¿Por qué debería alguien invertir en criptomoneda?

Blockchain (cadena de bloques) es la base de varias criptomonedas y blockchain es lo más grande que le ha pasado a la contabilidad desde la invención de los cheques de papel. Más grande, de hecho. No va a ninguna parte y seguramente se implementará de muchas maneras creativas en las próximas décadas. Con esa base intacta, la gente continuará desarrollando y usando criptomonedas.

Las criptomonedas democratizan las economías, poniendo el poder en manos del pueblo y fuera de los bancos centrales tan vilipendiados en la era de la información. Además, debido a que estas monedas se encuentran en las etapas iniciales de desarrollo, aún queda mucho dinero por ganar y cualquiera puede empezar a invertir en cualquier momento.

Finalmente, dada la enorme popularidad de las criptomonedas, esta tecnología no va a desaparecer. Entrar en el comercio de criptomoneda hoy en día es como lanzar un sitio web en Internet cuando todavía había dominios de una sola palabra.

Por lo tanto, cualquier persona interesada en invertir o comerciar en criptomonedas necesita entender por qué existen, cómo llegaron a ser, y qué le depara el futuro a la nueva economía. El Capítulo Uno ayuda a los lectores a hacer precisamente eso.

El Capítulo Dos examina cómo las criptomonedas son diferentes y como son las monedas nacionales tradicionales. También desarrolla los principios sobre los que se crean las criptomonedas. Esto ayuda a los inversores a entender cómo utilizar las estrategias existentes en la nueva economía.

Para aquellos que no están familiarizados con el comercio de moneda nacional, el Capítulo Tres lo examina en los términos más sencillos. Para aquellos que están aprendiendo, será interesante y revelador. Para los experimentados, debería ser un viaje humorístico por el sendero de los recuerdos.

Por supuesto, como muchos ya saben, Blockchain es el genio mágico detrás de Bitcoin. Sin embargo, existen sistemas alternativos que se basan en el modelo de libro mayor distribuido de la contabilidad moderna. Los Capítulos Cuatro y Cinco consideran la tecnología que hace posible el sistema económico más democrático jamás concebido, junto con las razones para utilizar la nueva moneda.

El Capítulo Seis es para aquellos que simplemente quieren comerciar e invertir en criptomonedas como el comercio en los mercados monetarios tradicionales o en acciones. Se discuten los principios que ayudan a los inversores a saber cómo ayudar a sus monedas a tener un mejor rendimiento, cómo identificar las mejores criptomonedas y cómo localizar las bolsas preferidas.

Finalmente, en el Capítulo Siete se proporcionan a los lectores varias herramientas útiles para guiarlos en la compra, venta, comercio e inversión en criptomonedas en todo el mundo. Por ejemplo, aquellos que tienen problemas para encontrar un intercambio adecuado y que tienen un sitio de wordpress pueden decidir usar un plugin para crear el suyo propio. De hecho, wordpress tiene una gran cantidad de plugins relacionados con varias características del comercio en criptomoneda.

Entonces, ¿por qué debería alguien invertir en criptocurrencies?

Con eso, podemos ofrecerle una feliz inversión en cripto.

Capítulo 7: Ventajas y Desventajas

Si usted invierte en criptomonedas sabiamente, puede conducir a un camino de fortuna.

Erik Finman es un ejemplo de una historia de éxito. Invirtió en bitcoins a 12 dólares cada uno en 2011. Actualmente (diciembre de 2017), 403 fichas bitcoin están en su poder, y actualmente, ¡esas fichas bitcoin valen millones!

Por otro lado, incluso si usted invierte en criptomonedas sabiamente, hay una posibilidad de que usted todavía puede perder. Después de todo, el precio de tales inversiones no está garantizado que suba continuamente. Pero esto no es raro, no sólo para las inversiones en criptomoneda, sino para todo tipo de inversiones.

⚞El lado positivo⚟

Una de las principales ventajas de las inversiones en criptomoneda es la descentralización. La descentralización puede lograrse mediante la creación de tokens proxy. Un sistema de depósito en garantía también puede funcionar bien.

La descentralización es favorable para la mayoría, si no para todos, los ciudadanos. Esto significa que ninguna autoridad central está a cargo de las criptomonedas. Nadie puede tomar las decisiones sobre ellas, ni siquiera el gobierno. Por lo tanto, si usted es el dueño de criptomonedas, la manera de su distribución depende de usted.

Esto también significa que una criptomoneda es procesada a través de una red de base (de igual a igual). Con un sistema descentralizado, las transacciones se realizan directamente en vez de pendientes de acuerdo a las acciones de un intermediario.

Aparte de la descentralización, aquí están las otras ventajas de las criptomonedas:

- **Transacciones Instantáneas.** Las transacciones realizadas utilizando criptomonedas en la red de la cadena de bloques niegan la necesidad de servicios de terceros. Si bien pueden ayudar en dichas transacciones, estos proveedores de servicios de terceros (por ejemplo, notarios, abogados y corredores) pueden causar retrasos.

- Debido a su ausencia en las transacciones, los individuos pueden hacer transacciones directas - casi instantáneamente. Tan pronto como deciden enviar dinero, estas personas pueden esperar que sus transacciones estén listas para su procesamiento inmediato, y en cuestión de horas, anticipan su finalización.

- **Accesibilidad Pública.** Hay más de 2.000 millones de personas en todo el mundo que tienen acceso a Internet. Pero no todas estas personas tienen acceso a los sistemas de intercambio tradicionales. Esta es una solución práctica para su problema, ya que no sería necesario que estuvieran buscando un banco cuando no lo hay.

- Por ejemplo, Kenia tiene un sistema M-PESA, un sistema de financiación y microfinanciación. Si usted es residente del país, poseer una billetera en criptomoneda puede abrirle las puertas.

- Particularmente, si usted posee una billetera móvil basada en criptomoneda, usted es elegible para hacer transacciones desde la comodidad de su hogar.

- Más Asequible. Como ya se ha mencionado, las transacciones realizadas con criptomoneda no requieren la participación de un tercero. Debido a esto, es innecesario cubrir un porcentaje que se supone que es para el tercero.

- Además, los cambios de criptomoneda no cobran comisiones de transacción… Por supuesto, la ausencia de comisiones de transacción equivale a comisiones globales más bajas. Esto es posible gracias a la compensación automática para los mineros de la red de una criptomoneda en particular.

- **Reconocimiento Universal.** Las criptomonedas son operacionales a nivel universal, lo que significa que son aceptables en cualquier país. Esta ventaja no se ve con las monedas tradicionales, que le obligan a convertirlas primero antes de usarlas.

- Por ejemplo, si usted está en México, necesita que su moneda fiduciaria sea convertida a MXN (peso mexicano). De lo contrario, los establecimientos en

México podrían considerarlos inaceptables y, por lo tanto, no utilizables.

- Por otro lado, si está en México con tokens de Ether, no necesita convertir tus tokens de éter a MXN. Si un establecimiento en México acepta tokens de Ether, usted puede usar estas criptomonedas para comprar tantos bienes y/o servicios como desee.

- Cero casos de robo de identidad y transacciones fraudulentas. Las criptomonedas están diseñadas para funcionar según un sistema de "empuje". Esto permite que las transacciones se realicen sin problemas sólo con información sobre la cantidad exacta entregada al comerciante.

- Los titulares de tarjetas de crédito se ven privados de esta ventaja. Cuando envían un pago, necesitan enviar su tarjeta de crédito (junto con otra información personal) al comerciante. Esto significa que un comerciante puede acceder fácilmente a la información personal.

⚞Los incovenientes⚟

Cuando usted profundiza en las inversiones en criptomoneda, hay una regla para memorizar su nombre de usuario y contraseña - o al menos, asegurarlos. Tales detalles son vitales y la recuperación es casi imposible una vez que se pierden.

Si olvida el nombre de usuario y la contraseña de su cuenta de correo electrónico, una solución rápida es pulsar el botón "¿Olvidó la contraseña? Link. Pero una billetera en criptomoneda no funciona de la misma manera. Con una billetera de criptomoneda, no existe tal cosa como una solución rápida.

Aquí están los otros inconvenientes de estas inversiones:

- **Una tasa relativamente baja de adopción**. Mientras que su popularidad está aumentando, las criptomonedas son extrañas para algunas personas. Peor aún, una parte de esa gente no muestra el más mínimo interés en aprender su sistema.

- Incluso bitcoin, que es el más popular en su categoría, no es conocido por todos. Bitcoin existe desde hace más de cinco años. Pero aún así, no todo el mundo puede utilizarlo porque una de las partes (o ambas) en una transacción es nueva en su concepto.

- **Transacciones Irreversibles.** Las transacciones en Criptomoneda son altamente seguras. Aunque esto debería ser ventajoso, podría ser contraproducente para usted. No puede intervenir una vez que has iniciado el proceso.

- Es necesario tener mucho cuidado cuando se envía una gran cantidad de criptomonedas a alguien. Usted necesita estar absolutamente seguro de que está enviando dinero a la persona correcta.

- De lo contrario, la única manera de recuperar el dinero perdido es pedirle a la persona del otro lado que lo devuelva. El triste hecho es que puede que no lo conozca en absoluto. Recuerde, el anonimato es parte del trato.

- Es un gesto amable de su parte devolvérselo. Pero si decide no hacerlo, puede ser casi imposible recuperarlo.

- La Necesidad de Internet. Usted no puede iniciar transacciones en criptomoneda sin una conexión a Internet decente. Esta es una gran preocupación para las personas que viven en países del tercer mundo (por ejemplo, India y Cuba) y, si Internet se hunde durante un día (aunque es poco probable), los mercados financieros sufrirán una caída devastadora.

- Una cualidad redimible de esto es el rápido desarrollo de propuestas para una conexión a Internet decente en todo el mundo. Con esto en mente, este inconveniente puede superarse con el tiempo.

El límite de suministro acutal

Otro factor molesto es el límite de suministro de una criptomoneda - con la excepción del suministro de monero -. De acuerdo con aquellos que están preocupados por su estado de suministro, llegará el día en que el suministro se vacíe. De hecho, una persona puede presentar una ecuación de cuándo se agotará el suministro de una criptomoneda.

La ONU (Organización de las Naciones Unidas) dice que la población mundial alcanzará la friolera de 9.700 millones para el año 2050. Digamos que aunque sólo una tercera parte de esa población, que es de aproximadamente 3.230 millones, posee una sola muestra de criptomoneda, el suministro parece estar lejos de ser adecuado.

Bitcoin, por su parte, tiene una oferta de 21 millones (a partir de 2018). En total, usted puede extraer sólo 21 millones de bitcoins. Para 3.230 millones de personas, 21 millones de bitcoins son muy pocos.

El lado positivo es que la oferta puede crecer. Aunque todavía no se ha hablado de ello, sigue siendo una posibilidad.

¿Quién sabe? Los desarrolladores pueden cambiar el protocolo de criptomoneda para permitir más espacio. Tal vez, pueda alcanzar más de un trillón para entonces.

Otro lado positivo es que el número de criptomonedas en particular está aumentando. En los primeros días, había menos de cinco de ellos. Ahora, hay una alineación de Altcoins. Tiene ADA, IOTA, dogecoin, EOS y monero. Si puede recordar, el suministro de Monero es ilimitado.

Capítulo 8: Mitos y Conceptos Erróneos

Muchas personas todavía dudan en invertir en criptomoneda o incluso en intentar utilizarla. Los diferentes mitos y conceptos erróneos que rodean a la criptomoneda podrían ser los principales culpables de este comportamiento, y la negativa de la gente a dar a la moneda digital la oportunidad de demostrar su valor. Lo alarmante es que los mitos y conceptos erróneos parecen ser auténticos a los ojos de las personas que no tienen suficiente conocimiento sobre la criptomoneda. Lo desafortunado es que estas personas no se molestarán en investigar más sobre criptomoneda y ver si la información que obtienen es verdadera o no.

Estos conceptos erróneos y mitos sobre la criptomoneda hicieron que la gente creyera que son verdades absolutas porque:

- Cuando la gente (que no sabe mucho sobre criptomoneda) lee los mitos y conceptos erróneos, fácilmente creerán que están leyendo la verdad absoluta. Los temas se presentan de tal manera que nadie puede discutir el contenido, a menos que el lector tenga conocimientos de criptomoneda.

- Los mitos y los conceptos erróneos sólo dan partes de un hecho y no toda la verdad. Las partes indicadas eran vagas y no se ofrecieron más explicaciones.

- La gente que quiere desacreditar la criptomoneda cree en los mitos y conceptos erróneos sin pensarlo dos veces. Incluso pueden contagiar a amigos, familiares y conocidos como si estuvieran dando la información correcta e imparcial. Harán todo lo que esté en su poder para prevenir las criptomonedas y demostrar su valor.

Falacia #1: Invadir la Criptomoneda es Muy Fácil

Hubo este incidente, que podría ser responsable de esta idea errónea, cuando alguien se infiltró con éxito en una billetera de criptomoneda cuando todavía estaba recién desarrollada. Podría ser considerado como su despliegue inicial en el momento y los posibles errores y otros problemas que puedan surgir deben ser monitoreados de cerca. Sin embargo, muchas cosas sucedieron desde entonces hasta ahora. Después de detectar los defectos y corregirlos, los expertos finalmente habían dado a las carteras criptográficas una seguridad que sería imposible de penetrar para los hackers. Los desarrolladores no se detuvieron ahí porque saben que los ciberdelincuentes seguramente intentarán cosas nuevas sólo para romper la seguridad del sistema. Usted no necesita preocuparse porque la seguridad que rodea a la criptocurrencia se hace más estricta y mejor que antes.

Falacia #2:La Criptomoneda No Posee Ningún Valor Real

El valor del dólar estadounidense alguna vez estuvo influenciado por el valor del oro. La mayoría de las monedas fiduciarias de todo el mundo también se vieron afectadas por el valor actual del oro en ese momento. Durante el mandato de Roosevelt como presidente de los EE.UU. en 1933, fue capaz de quitar el dólar de los EE.UU. del patrón oro. Cuando eso sucedió, el dólar estadounidense ya no tenía respaldo. Sin embargo, la acción de Roosevelt no afectó el valor del dólar estadounidense y su valor continúa persistiendo con la ayuda de la creencia, la fe y la confianza de la gente en el mérito de la moneda fiduciaria.

Al igual que la moneda fiduciaria, lo mismo está sucediendo con la criptomoneda en este momento. La criptomoneda tendrá valor mientras haya individuos que pongan su fe y confianza en su valor intrínseco.

Falacia #3: Las criptocurrencias son ilegales

 Hay países que declararon que la criptomoneda es algo ilegal y que no debería utilizarse en el comercio, pero la mayoría de los países del mundo declararon que es legal en sus respectivas regiones. Haga clic en este enlace link para ver la lista de países que permiten el uso de criptomonedas y aquellos que lo prohíben. Actualmente sólo hay ocho países que prohíben el uso de criptomonedas.

Falacia #4: Los Criminales son los que se Beneficiarán Mucho de las Criptomonedas

Mucha gente piensa que sólo los criminales obtendrán muchas ventajas y beneficios de usar criptomonedas porque su anonimato puede mantenerse. Estas personas creen que la gente común no debería ni siquiera tocar o involucrarse con cosas que usan los criminales. Tenga en cuenta que los usuarios de criptomoneda pueden mantener su anonimato, pero las transacciones registradas se pueden ver a simple vista. Incluso el hacker más experimentado puede no ser capaz de ocultar o alterar los registros porque todos en una red en particular tienen una copia de los registros.

Falacia #5: Las Transacciones en Cryptomoneda son Imposibles de Rastrear

Dado que la criptomoneda utiliza tecnología de bloques, las transacciones pueden ser rastreadas. Tenga en cuenta que hay un libro de contabilidad público que puede ser visto por cualquier persona dentro de la red. Las transacciones tienen registro y cada uno dentro de la red tiene su propia copia de los registros. Aunque la billetera en criptomoneda puede ser anónima, la dirección de la billetera todavía se conoce. Las transacciones pueden ser rastreadas usando la dirección de la billetera. Es fácil rastrear el historial de transacciones en caso de que sea necesario.

Falacia #6: la criptocurrencia sigue el esquema ponzi

Hubo una famosa estafa de inversión que prometía a sus inversores que obtendrían altas tasas de retorno y que el riesgo involucrado era algo que podían manejar. La inversión fraudulenta se denominó esquema Ponzi, que era el mismo que el sistema piramidal.

En dicho sistema, los inversores u originadores necesitan contratar a nuevos proveedores de fondos para obtener beneficios. Parte del dinero de los nuevos inversores irá a los creadores, y así es como obtienen beneficios. Los nuevos inversores también necesitan reclutar a otros para que ellos también puedan obtener beneficios, y los originadores también ganarán algo más. Cuantas más líneas (de nuevos reclutados) añadan, más dinero ganan. Entienda que eventualmente se detendrá y los que sufrirán son los individuos que están al final de la línea. Cuando analice el diseño de Bitcoin, verá que no está ni mucho menos cerca del esquema Ponzi. Bitcoin y otras criptomonedas experimentan fluctuaciones debido a algunos factores o eventos que rodean a la criptomoneda y no debido a las razones que Ponzi o el esquema piramidal puedan tener.

Falacia #7: Ningún Vendedor o Proveedor de Servicios Aceptará Cryptomonedas

El Capítulo 1 ha proporcionado un enlace a la lista de comerciantes y proveedores de servicios que aceptan Bitcoin y otras criptomonedas como pago. Tal vez, este concepto erróneo se formuló cuando Bitcoin fue lanzado, y era demasiado pronto para saber si el proyecto iba a tener éxito o no. Overstock, Fiverr, Expedia, Dell y Microsoft son sólo algunas de las grandes compañías que aceptan pagos en criptomoneda. Hay comerciantes que tienen socios que ayudan a convertir una criptomoneda en moneda fiduciaria.

Falacia #8: Comprar Bitcoin u otra Criptomoneda es Difícil

No es difícil comprar Bitcoin, y aquellos que propagan esta idea errónea pueden no haber intentado comprar ninguna criptomoneda. Puede comprar Bitcoins a través de Virwox & Trucoin usando su tarjeta de crédito. También existen los cajeros automáticos de Bitcoin, que le permiten utilizar dinero en efectivo al comprar criptomoneda. Usted puede ir a este enlace para ver dónde y cómo puede comprar cripomoneda.

Falacia #9: El Gobierno Tiene el Poder de Detener las Operaciones de Criptomoneda

Un gobierno que tiene el poder de cerrar el espacio cibernético puede detener las operaciones de criptomoneda. De lo contrario, es imposible cerrar las operaciones en criptomoneda. Un gobierno de un determinado país puede prohibir el uso de criptomoneda en su región. Esto significa que sus ciudadanos y visitantes no deben usar criptomoneda mientras están en ese país en particular. Sin embargo, la gente todavía puede hacer negocios o comerciar usando su criptomoneda en países que permiten tales transacciones.

Falacia #10: Bitcoin es la Única Criptomoneda

Hay más de 1.500 criptomonedas hasta la fecha y el número sigue creciendo. Bitcoin sigue siendo el más popular y el Ethereum ocupa el segundo lugar. Cada criptomoneda tiene diferentes ofertas, así como ventajas y desventajas. Si desea conocer la lista completa de criptomonedas hoy, puede visitar el sitio que tiene la lista completa y actual: complete & current list.

Cuando se habla de Bitcoin, también se puede hablar de altcoins. Los criptocoins que se crean después de Bitcoin son los altcoins. Bitcoin es la primera criptomoneda y funciona de forma independiente. En pocas palabras, Bitcoin no depende de una plataforma en particular. Altcoins también son criptocoins, y son la alternativa de Bitcoin. La mayoría de los altcoins se crean utilizando la plataforma original de código abierto de Bitcoin. Los desarrolladores de dichos altcoins acaban de cambiar los códigos subyacentes para crear una nueva criptocoin que presenta características diferentes a las de Bitcoin. Ya no es un Bitcoin, sino un altcoin que tiene un nombre diferente. También hay altcoins que no usaron el protocolo de código abierto de Bitcoin. Dogecoin, Namecoin y Litecoin son sólo algunas de las monedas alternativas en circulación hoy en día. Si quiere conocer otros altcoins, puedes ir a este enlace para ver la lista: link

El token es otro tipo de criptomoneda. Una plataforma como Omni o Ethereum debe ser usada para crear y operar tokens. Puede visitar este enlace para conocer los diferentes tokens en el mercado hoy en día: link

La criptomoneda se considera todavía joven, aunque ya ha obtenido un crecimiento enorme. Todavía tiene un largo camino por recorrer y los desarrolladores continúan buscando formas de mejorar la criptomoneda y asegurarse de que el sistema siga siendo seguro y protegido.

Los mitos y conceptos erróneos enumerados son sólo algunas de las falacias que rodean a la criptomoneda. Antes de que usted crea cualquier artículo o datos sobre criptomoneda, es mejor que primero realice su propia investigación y averigüe usted mismo. Hay grupos a los que les gustaría derribar la criptomoneda y puede que sólo declaren parte de un hecho determinado y lo tuerzan un poco para que parezca desfavorable. Lo mejor que puede hacer es sopesar la información recopilada en primer lugar y llevar a cabo más investigaciones si es necesario.

Capítulo 9: Minería

Básicamente se puede pensar en la minería como la criptografía equivalente a la impresión de dinero. Con las monedas tradicionales, los bancos centrales deciden cuándo imprimir el efectivo y cuándo retenerlo. Con las criptomonedas, este proceso también es descentralizado, y por lo tanto cualquiera puede convertirse en un minero de Bitcoin utilizando el equipo necesario.

¿Cómo funciona la minería?

Aunque la mayoría de la gente cuando habla de la minería de criptomoneda tiende a referirse a Bitcoin, no necesariamente se refiere a Bitcoin. Por muy confuso que sea, Bitcoin sigue siendo utilizado como un nombre comodín para casi todas las criptomonedas que existen. Sólo últimamente ha surgido el término "altcoin" para referirse a las alternativas a Bitcoin (la más popular entre ellas es Ethereum.) En primer lugar, hay que saber que como minero de criptomoneda, su trabajo no es simplemente emitir nuevas divisas, sino que lo que es más importante, usted sirve para verificar las transacciones realizadas por otras personas en la cadena de bloques.

Lo que un minero necesita para poner en marcha su "estación minera" como podríamos llamarla, es un potente ordenador (una plataforma minera) con una alta potencia de procesamiento y una tarjeta gráfica avanzada. Este equipo de alta gama es necesario porque será necesario para resolver algoritmos complejos. Esta es la piedra angular de la minería de criptomoneda. Tomemos como ejemplo Bitcoin. Los nuevos Bitcoins se emiten cuando su ordenador (como minero), a través de la resolución de estos algoritmos, es capaz de crear un nuevo hash. Se compara con los hashes preexistentes (que representan a los Bitcoins) y si no existe ningún hash similar, entonces prácticamente habría "extraído" una nueva moneda. Esto significa que ha añadido un nuevo Bitcoin a la red global de Bitcoin.

Después de haber emitido esa moneda, puede quedársela. Lo que usted hace entonces es agregarlo a su billetera de criptomoneda, y a partir de ese momento, es toda suya. Usted puede usarla para hacer compras en línea desde canales que aceptan criptomoneda, o como la mayoría de los mineros tienden a hacer, usted puede cambiarlo por una moneda convencional como USD o GBP.

Usted no necesariamente tiene que dedicar todos sus recursos a la minería de una sola criptomoneda. Aunque algunos eligen hacerlo, no es exactamente la manera más eficiente de llevar a cabo su negocio minero. Esto se debe a que la criptomoneda es una arena súper volátil, lo que significa que el costo de oportunidad de minar una moneda sobre otra podría cambiar día a día con la fluctuación que ocurre en cada una de las respectivas monedas. Podría ser más rentable para usted explotar

Bitcoins hoy considerando los costes de explotación frente a la rentabilidad potencial, pero su mejor apuesta para mañana podría ser Ethereum. Porque definitivamente no es un trabajo simple (especialmente como minero individual) estar constantemente monitoreando y estudiando sus opciones de inversión, hay un software como nicehash Miner cuya función principal es asignar su poder de procesamiento a los algoritmos que son más rentables en este momento.

Este tipo de software aumenta sustancialmente la eficiencia de su explotación minera, por lo que siempre es una decisión inteligente invertir algo de dinero en su compra. Usted necesita ser consciente, sin embargo, de que dicho software generalmente le paga en una criptomoneda en particular. Por ejemplo, nicehash Miner le paga sólo en Bitcoin.

El principal riesgo en la minería es el de la saturación. Las criptomonedas tienden a tener un techo en un número de monedas que van a entrar en su red global. Por ejemplo, Bitcoins dejará de producirse cuando 21 millones de Bitcoins ya estén en circulación. Después de eso, nadie podrá extraer más Bitcoins. Esto significa que, a medida que más personas entran en la actividad minera por una criptomoneda en particular, los nuevos hashes o bloques que esperan ser minados disminuirán. Esto significa que su oportunidad de ser el que los explota disminuirá a su vez, lo que le dará una menor "tasa de hash".

La minería rinde bastante bien para aquellos que viven en países donde la electricidad es barata, que es sobre todo en países en vías de desarrollo. Esto se debe a que el proceso minero, con toda la actividad informática que requiere las 24 horas del día, los 7 días de la semana, termina consumiendo enormes cantidades de energía eléctrica. Si usted vive en un país donde los servicios públicos tienen un precio muy alto, entonces esta podría no ser su mejor opción para ganar dinero con la criptomoneda. A veces las personas que viven en países desarrollados deciden entrar en el negocio de la minería, por lo que se dirigen a algún país en desarrollo (algunos de los destinos más comunes están en el este de Asia) para establecer una estación minera allí con el fin de beneficiarse de los bajos costos de los servicios públicos. Por supuesto, a pesar de los bajos costos de operación, la inversión inicial tiende a ser bastante alta. Usted probablemente no cruzaría los océanos y las fronteras a otro país para establecer una estación minera que funcione con una sola computadora. Tiene que valer la pena la agitada logística.

Capítulo 10: Minería de nubes

La minería de nubes es una alternativa menos agitada que poseer una plataforma minera. Puede invertir parte de su dinero en una estación minera compartida. Un proveedor de servicios establece un centro minero, administra el equipo y las utilidades que intervienen en el proceso minero, y todo lo que usted debe hacer es pagarles una cuota por su participación en el equipo minero. Entonces usted se beneficia del resultado de la minería basado en su parte. La principal ventaja de la minería de nubes es que no es necesario soportar toda la molestia de comprar el hardware, hacer funcionar el equipo con toda la electricidad que consume el proceso, y tener que sufrir el calor generado por los ordenadores debido a la excesiva potencia de procesamiento que entra en la minería. Alguien más se encarga de todo esto por usted y todo lo que hace es invertir tu dinero desde lejos. La desventaja de esto es que el costo es más alto que si usted establece su propio centro minero. Esto se debe a que usted está pagando los costos de administración a quienquiera que preste el servicio. También tiene menos control sobre el proceso de minería. Sin embargo, si le da más valor a la comodidad y no le importa que su margen de beneficio se vea disminuido por los costes de gestión, entonces esta es una forma segura y fácil de hacerlo.

Capítulo 11: Problemas Comunes que un Minero Puede Enfrentar

Empezar en el proceso de minería puede ser divertido. Hay muchas monedas diferentes con las que puede trabajar y las cantidades que gana a menudo dependen del nivel de trabajo que le gustaría poner. Para aquellos que eligen una buena moneda, especialmente una que termina despegando pronto, hay una buena cantidad de dinero que se puede hacer de la minería.

Dicho esto, hay algunos problemas que pueden surgir cuando empiezas como minero. Estos son temas que usted necesita abordar desde el principio si desea tener la oportunidad de ganar dinero con la minería. Este capítulo va a tomar algún tiempo para analizar muchos de los problemas comunes que un minero puede enfrentar y algunas de las cosas que usted puede hacer para superar estos grandes problemas.

Gastar demasiado

Cuando se trata de minar criptomonedas, usted necesita asegurarse de que no está gastando demasiado dinero en el trabajo que está haciendo.

Mientras que conseguir una nueva computadora y algo de otro hardware puede ser crítico para que usted consiga hacer las cosas, usted también necesita buscar algunas buenas ofertas. Cuanto más bajos sean los costes generales al empezar, más fácil será obtener beneficios.

También debe considerar qué moneda está planeando extraer antes de hacer compras. Con una elección como Bitcoin, tendrá que gastar algo de dinero extra para conseguir el mejor ordenador, procesador y otro hardware para tener una oportunidad en el mercado. Pero, con algunas de las criptomonedas más pequeñas, usted puede estar bien con su computadora regular y algún software de minería. No hay necesidad de gastar más dinero si la moneda puede ser extraída sin ella.

Elegir la moneda equivocada

Debe asegurarse de que estás eligiendo la criptocurrencia correcta para minar. Hay muchas opciones cuando se trata de criptomonedas disponibles, pero no todas ellas le proporcionarán una recompensa que valga la pena. Lo primero que hay que buscar es una moneda que tenga algún valor, una que vaya a durar algún tiempo. Usted no quiere poner todo el trabajo para extraer una moneda para descubrir que el valor nunca sube. O peor aún, descubrir que la moneda falla, y que sus monedas ya no valen nada.

Otra cosa que debe tener en cuenta es la relación entre el costo y la recompensa. Es posible que encuentre una moneda que tenga algún valor y que le proporcione una recompensa decente, pero si esa recompensa no cubre los costos que usted está asumiendo para completar el proceso de extracción, entonces no vale la pena su tiempo.

Usted no quiere gastar todo el tiempo y dinero en la minería y luego descubrir que las cuentas al final del mes valen más de lo que usted hizo.

Antes de entrar en una divisa, tómese su tiempo para calcular los números. Usted puede ver el promedio de monedas que se extraen cada mes y luego averiguar lo que otros mineros están gastando en electricidad. Añada lo que necesita para gastar en el equipo que necesita comprar y vea cuánto tiempo le tomará pagar todo. Esto le dará una buena idea de si este proceso vale la pena para la moneda elegida.

No establecer expectativas realistas

Cuando se entra en el mercado minero, es importante tener algunas expectativas realistas. No va a entrar en esto y hacerse rico de la noche a la mañana. Usted necesitará comprar algún equipo para ayudarle a empezar y puede tomar un tiempo antes de que usted haga una cantidad decente de dinero. Trabajará con monedas populares, como Bitcoin, que tardará mucho tiempo en obtener un código exitoso, o trabajará con algunas monedas más pequeñas que no ofrecen una gran recompensa por el trabajo que hace.

Establecer expectativas realistas puede ayudarle a tener más éxito con la minería que está haciendo.

Esto le facilitará saber cuánto necesita invertir al principio y cuánto es probable que gane con su trabajo.

Después de ver los números, usted puede decidir que esto no vale la pena o que está listo para empezar. Pero usted necesita tener estas expectativas en su lugar desde el principio.

Tratar de hacerlo todo por su cuenta

Es tentador tratar de hacer todo el trabajo por su cuenta. Usted quiere tomar el trabajo por su cuenta y luego tomar la totalidad de los beneficios. Pero la minería puede ser un verdadero desafío y a veces se necesita un poco de ayuda para obtener algún beneficio. Con algunas de las criptomonedas más pequeñas, puede hacer el trabajo por su cuenta y estar bien, pero con algunas de las más grandes, como el bitcoin, acabará sin ganar nada, gastando mucho dinero, debido a toda la competencia y a lo duras que son las ecuaciones.

Lo mejor que puede hacer es unirse a una agrupación minera, o al menos encontrar a alguien que esté dispuesto a trabajar con usted. Esto no le dará toda la recompensa. Pero obtendrá una ganancia constante basada en la cantidad de código que complete.... Una cantidad constante de ingresos es a menudo preferible a no hacer nada en absoluto

Demasiada competencia

Dependiendo de la moneda digital que elija, puede haber mucha competencia a la que tenga que enfrentarse, y cuanto más competencia tenga, más difícil será ganar dinero en este mercado. Cuando hay mucha competencia, puede trabajar en un código y luego darse cuenta de que no es aceptado simplemente porque alguien más lo hizo antes que usted. Nadie quiere gastar tanto tiempo, energía y costes en la minería y en trabajar en un código sólo para que no sea aceptado porque alguien más se les adelantó.

Esta es una de las razones por las que Bitcoin es tan difícil de extraer ahora mismo. Es valioso trabajar en Bitcoin. Puede trabajar en un código y ganar 25 monedas por completarlo con éxito. Con el precio de Bitcoin por encima de los 11.000 dólares ahora mismo, esto puede ser rentable. Pero cuando hay un montón de gente en el mercado haciendo lo mismo que usted, podrían pasar meses antes de que tenga una oportunidad.

Lo mejor es elegir una moneda que no tenga tanta competencia. Es posible que no pueda obtener tanto beneficio de esto, pero es más probable que obtenga un ingreso estable si puede hacerlo. También puede considerar trabajar con un fondo minero para poder ganar al menos una parte de las ganancias cuando un código se haya completado con éxito. Esto puede no ser tanto dinero de una sola vez, pero proporciona un ingreso más estable que tratar de hacerlo todo por su cuenta.

El equipo deja de funcionar

Para tener éxito en la minería, es necesario tener un buen equipo de computación que pueda mantenerse al día con el trabajo. Si algunos de sus equipos dejan de funcionar, no podrá ganar dinero con la minería. Es importante que usted escoja el equipo que va a durar y que pueda mantenerse al día con el trabajo.

Si usted no sabe cómo arreglar las computadoras y el hardware que viene con ellas por su cuenta, es hora de hacer amigos con una compañía de reparación de computadoras. Usted querrá arreglar las cosas lo más rápido posible para asegurarse de que puede volver a entrar en el juego y no está perdiendo demasiado dinero. Asegúrese de añadir algunos de estos costos a los costos de la minería también para no terminar con sorpresas más adelante.

Encontrarme con hackers

Otro problema que puede enfrentar es tener que tratar con hackers. Con el aumento de la popularidad de estas criptomonedas, hay muchos hackers que están interesados en entrar en su cartera y robar todas sus monedas e información personal. Si no tiene cuidado con la billetera que escoge y esconde su información personal, entonces es fácil para un hacker robar su información... Y como no hay una autoridad central que controle estas monedas (uno de los muchos beneficios para algunas personas), no tiene suerte si se llevan sus monedas.

La buena noticia es que hay algunas cosas diferentes que usted puede hacer para mantener sus monedas y su información personal segura. Primero, mantengamos esas monedas a salvo. Elegir una billetera segura es la mejor manera de asegurarse de que un hacker no pueda llevarse sus monedas. Hay tres tipos principales de billeteras que usted puede elegir, incluyendo una billetera en línea, una billetera de hardware y el almacenamiento en frío.

Para comenzar con la minería, necesitará una billetera en línea. Esto facilita el envío de las monedas cuando el código se ha completado correctamente. Si usted planea usar las monedas o cambiarlas de inmediato, entonces la billetera en línea está bien para guardar las monedas en esta billetera. Sin embargo, como estas billeteras están en línea, no siempre son la opción más segura para que usted las use.

Una cartera de hardware puede proporcionarle un poco más de protección. Básicamente estás descargando la billetera en tu ordenador o en un disco duro y guardando las monedas allí. Tendrá que dar algunos pasos adicionales para usar las monedas, pero si planea quedarse con ellas durante un tiempo para invertirlas, es una opción mucho más segura en comparación con trabajar con una billetera en línea. Sin embargo, asegúrese de que su antivirus esté actualizado en su equipo antes de hacer esta opción. Si no tiene cuidado, alguien podría tomar el control de su computadora y aún así obtener las monedas.

Para aquellos que buscan invertir sus monedas y quieren mantenerlas en una billetera hasta que el valor de las monedas suba, entonces puede ser una buena idea ir con una billetera de almacenamiento en frío.

Esto le permite imprimir la clave privada en la moneda que está usando y almacenarla en algún lugar completamente fuera de la computadora. Esto hace casi imposible que un hacker se apodere de su dinero.

Además, debe asegurarse de mantener su información segura y privada. La mejor manera de hacerlo es elegir una dirección única cuando se suscribe a una nueva moneda. Por lo general, puede elegir la dirección que desea utilizar, así que no ponga su información personal, como su nombre y apellido, dentro de la dirección. Si a usted le va bien con la minería, tal vez quiera considerar cambiar la dirección de vez en cuando para ayudar a que sea más difícil rastrear las transacciones que está haciendo.

La moneda se vuelve inservible

Si no tiene cuidado con la moneda digital con la que decide trabajar, podría darse cuenta de que sus monedas no valen nada en algún momento. Hay más de 1000 monedas digitales en el mercado en este momento, pero no todas van a tener éxito. Aunque hay espacio para más que Bitcoin en el mercado, el mercado de criptomoneda no es lo suficientemente exitoso como para manejar el número de divisas que se avecina. Algunas de las más sólidas, las que están diseñadas para satisfacer una necesidad en el mercado, se mantendrán, pero hay muchas monedas que se crean simplemente porque el mercado es muy popular en este momento.

Nadie quiere invertir todo su dinero y luego descubrir que su moneda no vale nada, y que no han ganado nada por todo el trabajo duro que han realizado. Por lo tanto, hay que tener cuidado con las monedas que hay que elegir. Esto no significa que sólo tenga que elegir monedas que ahora valen mucho dinero. Entrar en la planta baja de una divisa puede ayudarle a ganar más dinero a largo plazo. Pero si usted elige una moneda que desaparece en unos meses, usted hizo todo ese trabajo y no tiene nada que mostrar.

Como minero, hay muchos asuntos de los que debe preocuparse. Usted puede encontrar que una moneda es demasiado trabajo o dinero por lo que se le está pagando.

Es posible que tenga un problema con demasiada competencia en el mercado, o puede haber problemas con su equipo que no funcione de la manera en que debería. Aprender cómo hacer que la moneda funcione para sus necesidades puede hacer toda la diferencia en cuanto a cuánto dinero puede ganar.

Capítulo 12: Factores a Considerar antes de Invertir

Mientras que las monedas criptográficas más grandes como Bitcoin, Ethereum y Litecoin tienen una larga trayectoria y múltiples funciones en el mundo real, algunas de las monedas mencionadas en este libro no lo tienen - de ahí su precio más bajo -.

Hay un número de diferentes variables a investigar antes de emprender cualquier inversión, y la criptomoneda tiene su propio conjunto.

Prueba de concepto (poc)

En otras palabras, ¿tiene la tecnología un modelo que funcione o está todavía en una etapa teórica? Obviamente, las monedas más maduras tendrán un valor más alto, siendo las más teóricas un riesgo mayor. Como las diferentes monedas aquí están en diferentes etapas de su ciclo de vida, eso es lo que usted debe decidir.

El equipo de desarrollo

Quiénes son los desarrolladores y cuál es su historial. Particularmente ¿dentro del espacio de criptomoneda & cadena de bloques? Otra cosa a considerar es su historial dentro de la industria en particular a la que se dirigen.

La Utilidad de la Moneda

Las ideas son geniales, pero si la ficha de la moneda no tiene uso, entonces el verdadero potencial del proyecto debe ser cuestionado. Esto es especialmente cierto en el caso de ciertas monedas en las que la teoría y el potencial del mercado se comprueban, pero a menudo se plantea la pregunta de "¿por qué puedo usar Bitcoin/Litecoin para hacer lo mismo?

La hoja de ruta

Las hojas de ruta son importantes para obtener beneficios a corto plazo porque establecen objetivos de desarrollo para la moneda. Si se alcanzan estos objetivos y los productos/plataformas pasan de alfa a beta para convertirse en un producto completamente lanzado, entonces eso sólo significa cosas positivas para la moneda y su valor.

Las bolsas en las que se cotiza la moneda

Muchas de estas monedas sólo están disponibles en las bolsas más pequeñas. Una vez que la moneda aparece en las bolsas más grandes (por ejemplo Bittrex), la moneda tiene mayor visibilidad y esto lleva a un aumento de valor.

Algoritmo minero – Prueba de trabajo vs. Prueba de participación

Más adelante, cuando hablemos de las monedas individuales, nos daremos cuenta de qué algoritmos de minería se utilizan. Las dos más populares son la Prueba de Trabajo (pow), utilizada por Bitcoin y la Prueba de Participación (pos), que será utilizada por Ethereum a partir del cuarto trimestre de 2017 y más allá, y que actualmente es utilizada por una serie de tokens basados en Ethereum.

¿Por qué necesitamos la minería?

Necesitamos la minería para asegurar que una transacción (o bloque) sea validada correctamente, en otras palabras, necesitamos asegurarnos de que la misma transacción no ocurra dos veces - conocido como el problema del doble gasto -. Como recompensa por validar esta transacción, los mineros son recompensados con un pequeño porcentaje de la misma (conocido como la tarifa de red).

Para decirlo sin rodeos, la Prueba de trabajo requiere mucha más energía que la Prueba de Participación. Un estudio realizado en 2015 demostró que una transacción de Bitcoin consume la energía equivalente diaria de 1,57 hogares estadounidenses. La Prueba de Participación es también un sistema más justo y eficiente en el uso de la energía, lo cual es una gran ventaja para las monedas de la comunidad.

Capítulo 13: Tenedores de Criptomoneda

Una cosa de la que puede haber oído hablar recientemente, en términos de criptomonedas, es de 'tenedores'. Pero no un tenedor de mesa. En la cadena de bloques, un tenedor ocurre cuando los participantes son incapaces de ponerse de acuerdo sobre algunas reglas comunes. La forma más básica de explicarlo es decir que una bifurcación ocurre cuando la cadena de bloques se rompe, creando dos caminos por delante. Puede ocurrir en relación con el historial de transacciones en el gráfico o debido a una nueva regla para determinar la validez de una transacción. El resultado es que todos los participantes deben decidir qué opción van a apoyar.

Hay bastantes tipos diferentes de tenedores y todavía son bastante nuevas. Algunos se resolverán solos, pero otros pueden causar una división permanente en la comunidad, resultando en la creación de dos historias de cadenas de bloques y dos monedas. También hay cierta confusión sobre los tipos de tenedores, cómo se activan y qué riesgos presentan.

Lo básico

Antes de examinar las clasificaciones de los tenedores, debe tener en cuenta que los tenedores Bitcoin son bastante comunes. Como subproducto del sistema de consenso distribuido, una bifurcación puede ocurrir cuando dos mineros llegan a un bloque prácticamente al mismo tiempo. La ambigüedad que lo rodea se resuelve añadiendo bloques subsiguientes a uno de ellos, convirtiéndolo en la cadena más larga y dejando huérfana al otro, en cuyo momento se abandona.

Sin embargo, los tenedores también se introducen deliberadamente en la red y esto ocurre cuando los desarrolladores quieren cambiar las reglas utilizadas por el software para determinar la validez de una transacción. Si un bloque tiene transacciones inválidas en él, el bloque entero es ignorado y el minero que originalmente encontró el bloque perderá su recompensa potencial. Por eso, los mineros sólo quieren extraer los bloques válidos y construir las cadenas más largas.

Estos son los tenedores más comunes de los que oirás hablar:

Tenedor duro

Un tenedor duro es, esencialmente, una actualización del software que trae nuevas reglas que no son compatibles con la versión anterior del software. Si, por ejemplo, se introdujera una regla que ampliara el tamaño del bloque de 1MB a 2MB, se necesitaría un tenedor duro. Cualquier nodo que continúe ejecutando el software antiguo verá cualquier bloque extraído bajo las nuevas reglas como inválido, por lo que todos los nodos necesitarían actualizar su software a las nuevas reglas, por lo que todos los bloques extraídos serían válidos.

El problema surge cuando no todos los nodos están de acuerdo - algunos querrán seguir con las reglas viejas mientras que otros querrán las nuevas reglas. Uno de los mejores casos de estudio es este tenedor DAO Ethereum - ahora tenemos Ethereum & Ethereum Classic, ambos con diferentes reglas y con diferentes monedas.

Tenedor blando.

Por el contrario, un tenedor blando es un cambio que se clasifica como retrocompatible. Por ejemplo, en lugar del tamaño de bloque de 1 MB, se sugiere reducirlo a 500 KB. Cualquier nodo que no haya sido actualizado podrá ver las transacciones como válidas pero, si extraen los bloques, estos bloques serán rechazados como no válidos por los nodos actualizados.

Los problemas surgen cuando un tenedor blando sólo recibe el apoyo de una minoría de la potencia de hash de la red, convirtiéndola en la cadena de bloques más corta y arriesgándose a ser abandonada. La única otra manera es que se convierta en un tenedor duro y se separe.

Los tenedores blandos son la opción más común para actualizar la cadena de bloques de Bitcoin porque tienen un menor factor de riesgo de dividir la comunidad y la red. 2 ejemplos del pasado son P2SH, que cambió la forma en que se formateó la dirección de Bitcoin, y BIP66, que tenía que ver con la forma en que se validan las firmas.

Tenedor blando activado por el usuario

Una UASF o un tenedor blando activado por el usuario es algo controversial y trata con la adición

de una actualización de cadena de bloques que no
tiene soporte directo de aquellos que proveen el
poder de trituración. La idea detrás de esto es que,
en lugar de esperar cierto nivel de apoyo de las
piscinas mineras, la energía se da a las bolsas, las
billeteras y los negocios que manejan nodos
completos.

Para que el cambio se escriba permanentemente en
código, necesitaría tener el soporte de la mayoría
de las grandes centrales y este debe ser público, el
software tiene una fecha de activación futura, y,
con el acuerdo de la mayoría, el software se instala
en aquellos nodos que quieran estar involucrados
en el tenedor.

Los problemas surgen porque este tipo de tenedor
necesita un tiempo de espera más largo que los
tenedores blandos que se activan por la potencia
del hash. Podría llevar hasta un año, o quizás más,
escribir el código y asegurarse de que todo el
mundo está preparado para ello. Y, si esa mayoría
no se pone en línea y las nuevas reglas no se
activan, podrían tomar su poder hash y dividir la
red con él.

Hasta ahora, esto es sólo una idea teórica y aún no
se ha implementado.

Capítulo 14: Empleo en Criptomoneda

Ganar dinero con criptomoneda

Hay varias maneras de hacer dinero con criptomoneda. El empleo es la primera, la minería es otra, la compra de algunas y luego el comercio con otras, y se puede invertir en icos. Dedicaremos los próximos capítulos a esto. En este capítulo se examina el empleo.

Empleo: *Si tienes talento en programación y matemáticas, entonces hay algunos trabajos maravillosos en este campo. El sitio de Indeed Employment, a finales de noviembre de 2017, tenía más de 300 puestos de trabajo en los que se requerían habilidades en Bitcoin o criptocurrency, y el salario era de 50.000 a 150.000 dólares al año.*

He aquí un ejemplo del sitio Indeed que requería una sólida formación informática. El salario ofrecido fue de más de $85,000 (US).

Ingeniero de Software - Crypto/Pagos

San Francisco o Remote

Al unirse a Kraken, rápidamente trabajará en la vanguardia de bitcoin y otras monedas digitales, y desempeñará un papel importante para ayudar a dar forma al futuro de cómo el mundo ve y utiliza el dinero. En Kraken, simplemente nos esforzamos por pensar de manera diferente y forjar nuevos caminos en una industria de rápido crecimiento plagada de territorios inexplorados, razón por la cual Kraken ha crecido hasta convertirse en uno de los mayores y más exitosos mercados de bitcoins del mundo. Si usted está realmente interesado en empujar el sobre interrumpiendo una industria que algunos dicen que no puede ser perturbada, entonces puede ser que tengamos el increíble trabajo hecho para usted. Kraken es un lugar para soñadores y hacedores - para tener éxito aquí, creemos firmemente que usted debe poseer cada uno en profundidad. Consulte todos nuestros anuncios de empleo aquí https://jobs.lever.co/kraken.

Nuestro equipo de ingeniería se está divirtiendo mucho mientras ofrece la plataforma de criptografía más sofisticada del mercado. Ayúdenos a continuar definiendo y liderando la industria.

Responsabilidades

- Integrar nuestros sistemas financieros con monedas de bloqueo y bancos

- Integración de elementos orientados al usuario desarrollados por desarrolladores de front-end con la lógica del lado del servidor.

- Escritura de código reutilizable, comprobable y eficiente

- Diseño e implementación de aplicaciones de baja latencia, alta disponibilidad y rendimiento

- Implementación de seguridad y protección de datos

- Integración de soluciones de almacenamiento de datos

- Escribir servicios altamente escalables y de gran volumen

Algunos de los trabajos no requerían conocimientos de programación o matemáticas.

Eche un vistazo a esto:

Representante de Ventas Directas - Cryptocurrency Specialist

Socios de Nexxus - Hamilton, OH

$10,000 al mes - Comisión

Resumen del trabajo

Nexxus Partners es una empresa de servicios de Bitcoin & Criptomoneda. Nexxus ha creado soluciones para ayudar a las personas que no son técnicos a aprender y usar criptomoneda. Una de nuestras eco-soluciones reúne a comerciantes y compradores para que todos salgan ganando. Nexxus ayuda a las pequeñas empresas a conseguir y mantener nuevos clientes con una innovadora aplicación de comercio móvil que permite a los clientes comprar en cientos de negocios locales e internacionales, y ganar recompensas en efectivo.

En esta posición, se estará conectando con dueños de negocios y organizaciones y les presentará nuestros productos, construirá relaciones y cerrará tratos en la comunidad Nexxus. Esta es una oportunidad lucrativa con un salario competitivo basado en comisiones; un representante promedio puede ganar alrededor de $10,000 al mes, mientras que los representantes motivados tienen la oportunidad de ganar alrededor de $25,000 a $50,000 al mes.

No estará solo, ya que formará parte de un equipo de ventas que trabajará en conjunto para generar un ingreso residual mientras construye la red Nexxus.

Si es:

1. Es un empresario

2. Se motivan a sí mismo

3. Puede trabajar sin delegación

4. ¡Observa que Bitcoin está explotando!

Entonces hablemos

Tipo de trabajo: comisión

Educación requerida:

- Escuela secundaria o equivalente

Así que si quiere probar su talento en un trabajo de tiempo completo en este campo, hay muchas oportunidades.

Puede ser que prefiera trabajar por cuenta propia en lugar de trabajar a tiempo completo para una empresa, y luego consulte este trabajo anunciado en Upwork, un sitio para trabajadores por cuenta propia:

Hola,

Necesito un plug-in para Metatrader 4 que cree gráficos de Bittrex con criptomonedas dentro de Metatrader para cada periodo de tiempo M1, M2, M5, M15, M30, H1, H4, D1, W1, MN1. Quiero todas las criptomonedas listadas en Bittrex como gráficos de Metatrader igual que los gráficos EUR/USD que están presentes en cada terminal mt4.

El trabajo consiste en:

1 - Creación de un puente que permite mostrar gráficos dentro de Metatrader, basado en datos / precios / volumen de Bittrex. (todos los instrumentos / criptos)

2 - Posibilidad de enviar órdenes de compra/venta de mercado/de límite de compra/de límite de venta desde dentro de Metatrader, para ser ejecutadas dentro de las bolsas Bitcoin.

Debe ser capaz de añadir rápidamente indicadores en el carro para analizar la criptomoneda. Esto se puede hacer usando la API de Bittrex.

Necesito el código fuente para modificarlo si cambia la API.

Si tiene preguntas, por favor envíeme un mensaje antes de hacer una oferta.

Gracias.

- Tipo de proyecto: Proyecto único

$250

Precio Fijo

$$

Nivel Intermedio

Estoy buscando una mezcla de experiencia y valor

20 de noviembre de 2017

Fecha de inicio

____

____

Este trabajo era por $250 y tomaría menos de una semana, para alguien familiarizado con este tipo de proyecto. Antes de embarcarse en esto o algo similar, considere el siguiente párrafo:

Para el sector de la tecnología, si tienes excelentes habilidades, entonces considera esto. Universalmente, hay una creciente falta de personal de TI talentoso, particularmente en campos específicos que incluyen criptocurrency. Una búsqueda en Google de sitios independientes de TI revelará que las personas talentosas de TI deben mantenerse alejadas de los sitios en línea mientras buscan trabajo.

Si utiliza sitios como Upwork, entonces los profesionales cualificados están pujando por puestos de trabajo contra los de baja calidad. Personas dispuestas a presentar ofertas bajas para ser elegidas. El resultado de esto conduce a una carrera hacia abajo, en lo que respecta a los salarios. Las personas con talento de Occidente competirán con personas de países del Tercer

Mundo, dispuestas a trabajar por un salario escaso y cuyo trabajo es a veces de dudosa calidad.

Si usted prefiere el tipo de trabajo por contrato del tipo freelance con una variedad de empleadores, entonces las posiciones de este tipo se pueden encontrar en sitios como Indeed. Aquí hay un ejemplo.

Ingeniero de Ethereum/cadena de bloques

Combinar capas - Houston, TX

A tiempo completo, a tiempo parcial

Resumen del trabajo

Estamos buscando un arquitecto técnico senior que haya trabajado con Ethereum, Ripple o bitcoin blockchain, con experiencia en programación de solidez o cualquier tecnología equivalente relacionada con el desarrollo de blockchain y cryptocurrency.

Responsabilidades y Deberes

Entender los requisitos del negocio, diseñar y desarrollar la arquitectura técnica de la organización, gestionar las soluciones técnicas de extremo a extremo, liderar a los desarrolladores y el esfuerzo de desarrollo dentro de la puesta en marcha, asesorar y guiar a los desarrolladores junior Conceptualizar y desarrollar casos de uso según los requisitos del negocio Dirigir y desarrollar Pruebas de concepto (POC) y Pruebas de valor

(POV) Desarrollar "contratos inteligentes" y esfuerzos de programación en la cadena de bloques de Ethereum, desarrollar el monitor de token ERC-20 y gestionar los servidores de nube y otras infraestructuras/herramientas Desarrollar nuevas y emocionantes soluciones con las tecnologías de la cadena de bloques e hipervínculos.

Aquí hay otro trabajo en Upwork:

Bitcoin & Cryptocurrency Periodista Necesitaba $0.05/palabra

Escritura de Artículo & Blog Renovado hace 2 horas

Necesita contratar a 2 autónomos

Buscando un periodista profesionalmente entrenado que pueda escribir dos (2) artículos diarios de 400-800 palabras sobre temas de noticias de bitcoin, cryptocurrency y blockchain.

Requisitos:

- Elija sus propios temas y trabaje de forma independiente.

- Deseo de cazar y recoger historias oportunas.

- Formatee los subtítulos y publique sus propios artículos diariamente en Wordpress.

- Fuente y adjuntar la imagen destacada que acompaña.

- Añade la categoría y las etiquetas correctas.

- Se desea familiarizarse con estos temas y sentir pasión por ellos, pero no es necesario.

Este será un concierto continuo con oportunidad de promoción y aumento de la carga de trabajo.

El sueldo inicial es de $0.05 por palabra con futuros aumentos y bonificaciones posibles.

- Tipo de proyecto: Proyecto en curso

Trabajo destacado

$50

Precio Fijo

$$$

Nivel Experto

Estoy dispuesto a pagar tarifas más altas por los freelancers más experimentados

22 de noviembre de 2017

Fecha de inicio

Habilidades y Experiencia

Redacción al estilo AP Manual de Estilo de Chicago Reportaje Financiero Reportaje Investigativo

Periodismo Redacción de Noticias Estilo de Redacción de Noticias

Este trabajo requiere habilidades periodísticas, con un profundo interés en criptomoneda.

 Hay cientos de estos conciertos anunciados en Upwork, y hay muchos otros sitios para freelancers.

Molinos de contenido

Hasta hace poco, no conocía el término Content Mills. Aquí hay una definición de Internet: 'Una fábrica de contenido o fábrica de escritores es un término de argot usado por escritores independientes y dado a una compañía, sitio web u organización diseñada para proporcionar contenido barato de sitio web, generalmente con un beneficio significativo para ellos mismos, y generalmente pagando tarifas muy bajas a los escritores''.

Las búsquedas de Google producirán muchos artículos sobre las fábricas de contenido. Muchos son muy críticos con ellos, y Upwork se llama un molino de contenido. A menudo se habla de las fábricas de contenido con desprecio. Si eres muy capaz y deseas una carrera como freelance, asegúrate de leer estos enlaces:

Https://www.thebalance.com/writing-for-content-mills-1360505

Http://www.makealivingwriting.com/4-new-content-mills/

Http://www.aliventures.com/should-avoid-content-mills/

Capítulo 15: Ganando Dinero con Criptomoneda

Bueno, ganar dinero con cualquier cosa requiere trabajo. Un trabajo es una buena manera, ganar la lotería es otra. Hacer dinero también es posible con criptomoneda, ya sea comprando, negociando e invirtiendo, o sumergiéndose en el proceso directamente y minando criptomoneda usted mismo.

Comprar, comerciar e invertir

Usted puede ganar dinero del mercado de criptomoneda de la misma manera que lo haría con el mercado de valores, lo que quiere decir que es un trabajo a tiempo completo y no es tan fácil de hacer. La mayor parte del dinero que se puede realizar viene con la compra y el comercio. Con sólo un par de dólares de bitcoin, por ejemplo, puede empezar a intercambiar formas digitales de dinero en este momento. No hay cargos de agente; no hay intermediarios que manejar, ni límites como la formalidad para detenerle. No hay razón para no intentarlo.

Si existe la posibilidad de que usted pueda reconocer el juego por un par de dólares, es un enfoque extraordinario para entrar en el dinero digital. Se dijo antes que el principal Bitcoin que salió a la venta por centavos y en menos de diez años creció hasta casi 6.000 dólares.

Sin embargo, el comercio no es fácil ni sin esfuerzo. Los comerciantes a largo plazo saben que perder dinero va a suceder en algún momento, no es una cuestión de "si...", es una cuestión de cuándo. Desafortunadamente, es sólo una parte de los riesgos, pero sin duda puede reducir el riesgo y las pérdidas utilizando las herramientas correctas. El hecho es que si el comercio fuera una forma fácil y sin riesgos de ganar dinero, entonces más personas estarían operando.

No cabe duda de que existen grandes motivaciones a tener en cuenta a la hora de invertir recursos en formas digitales de dinero. La mayoría de las criptomonedas con una base considerable han subido de valor, con bitcoin y ethereum viendo más de un 100 por ciento de aumento en el valor durante 2017. La moneda digital más conocida, el bitcoin, ha estado superando la estimación del oro, aunque se sabe que es 300 por ciento más volátil que ella también.

Estando en sus primeras etapas, la industria de monedas y fichas computarizadas es un espacio excepcionalmente impredecible, cargado de complejidades y peligros únicos. Afortunadamente, varias tareas y actividades se están desarrollando para crear oportunidades y ayudar a los examinadores, aficionados, organizaciones e individuos curiosos a descubrir su camino en este campo de rápido desarrollo mientras trabajan alrededor de los enredos y obstrucciones inherentes.

Una gran ventaja de optar por esta tecnología monetaria digital es el hecho de que todavía hay un porcentaje relativamente pequeño de la población mundial en general que entiende el concepto de tecnología de cadena de bloques o incluso posee cualquier tipo de criptomoneda de un tipo u otro. Sin embargo, esto cambiará cuando más gente se dé cuenta de los diferentes tipos de rendimiento que se están creando al invertir en estas monedas digitales. Por lo tanto, el tiempo es esencial.

Como se mencionó anteriormente, el mercado de criptomoneda en su conjunto está en una línea de tiempo limitada gracias a una burbuja de precios masiva que está esperando el momento adecuado para estallar. Mientras que esto sucederá para el mercado de criptomoneda como un todo, también sucederá para criptomonedas individuales que es por qué es provechoso entender cómo funciona el ciclo de mercado. El ciclo del mercado es un tipo de patrón que todos los tipos de inversiones están seguros de seguir cuando se les da una línea de tiempo lo suficientemente larga.

El ciclo del mercado es un círculo, pero normalmente se dice que comienza en un punto en el que la inversión que usted está siguiendo llega a un punto en el que los inversores del mercado comienzan a reaccionar de forma optimista. Esto conduce a un aumento aún mayor de los precios, lo que en última instancia conduce a un estado de euforia en el que es probable que los precios suban hasta sus puntos más inestables. Esto, a su vez, termina inevitablemente conduciendo a una situación en la que la burbuja que rodea a una determinada criptomoneda estalla a gran escala y el precio experimenta un fuerte descenso por primera vez.

 Cuando esto ocurra, el mercado reaccionará conmocionado y luego se establecerá un breve indulto a medida que los inversores respondan con negación en su lugar. Sin embargo, es importante no dejarse engañar por la promesa de mejorar los precios, ya que las cosas sólo van a empeorar a partir de ahí. A continuación, hay períodos de miedo, seguidos de depresión y pánico a medida que las cosas se ponen realmente mal y un golpe de caída libre que sólo se estabilizará cuando el precio sea igual a lo que realmente vale la pena.

Con el tiempo, los inversores comenzarán a regresar lentamente, y el precio comenzará a subir una vez más. Esto hará que la confianza de los inversores abandone el modo de pánico y vuelva a un estado de depresión. Entonces la esperanza comenzará a asentarse una vez más y eso será eventualmente reemplazado por el optimismo, para que las cosas puedan empezar de nuevo. Bitcoin ya ha pasado por todo el ciclo una vez y ahora está en camino a la euforia. Todas las otras criptomonedas, sin embargo, están actualmente sólo en el optimismo, en el mejor de los casos, lo que significa que todavía hay tiempo suficiente para encontrar una favorita e invertir a lo grande.

Si usted es nuevo en la inversión en criptomoneda, es extremadamente importante que se asegure de conocer los peligros antes de comenzar a trabajar en el envío/aceptación de pequeñas sumas antes de contribuir con algo significativo. Requeriría una inversión adicional y tolerancia que la simple compra de acciones en su fondo de mercado monetario, pero los beneficios bien valen la pena.

El potencial de la tecnología de la cadena de bloques y el rendimiento de la inversión de las criptomonedas han estado causando mucho entusiasmo en los círculos de inversión. Es una tecnología verdaderamente revolucionaria que se espera que tenga un efecto significativo en varias industrias multimillonarias. Es realmente una oportunidad única en la vida de hacer riqueza para aquellos que están listos para invertir ahora. Esta es probablemente la única noticia de inversión que cubre tanto los metales valiosos como las divisas digitales con esta medida de detalle. Ambos son mejores que los billetes de papel fragmentarios emitidos por el banco, y su valor sigue aumentando, mientras que el dólar pierde poder adquisitivo.

El entusiasmo por invertir en Bitcoin y en criptomonedas emergentes ha estado generando considerables beneficios. Los metales preciosos y las criptomonedas son filosóficamente parecidas y similares desde un punto de vista especulativo. Esto significa que si usted ha estado previamente interesado en invertir en materias primas, entonces usted puede estar interesado en invertir en criptomoneda también. La mayor similitud entre ambas es el hecho de que ambos se utilizan con fines tanto prácticos como especulativos.

Uno de los beneficios de operar en criptomoneda es que si usted trae su criptomoneda a un nuevo intercambio, generalmente puede comenzar sin tener que ofrecer ninguna información personal. En cualquier caso, antes de que usted escoja arbitrariamente un poco de criptomoneda y espere lo mejor, se sugiere que primero haga alguna investigación. Si usted no hace la investigación requerida entonces usted va a estar esencialmente apostando y hay mejores maneras de hacerlo que a través de criptomoneda.

El enfoque más ideal para averiguar acerca de cada criptomoneda es investigarla. Una cadena de declaración oficial de una moneda le indicará datos vitales incluyendo cosas como el suministro total de monedas, puntos de interés especializados, diseños de avance, declaración de propósito, hipótesis de grupo, y mucho más. Por otra parte, Twitter es un activo extraordinario no sólo para las noticias, sino también para encontrar las páginas del sitio y las diferentes discusiones identificadas con una criptomoneda específica. Al recoger los datos correctos en el momento perfecto y ver cómo va a cooperar con el mercado, termina siendo notablemente menos exigente para permanecer y en los cambios futuros en el mercado.

El intercambio más fiable es Bittrex, aunque no va a tratar con todos los pares de criptomoneda o criptomoneda que están ahí fuera, simplemente porque hay muchos para elegir. El principio más simple, pero sin embargo crucial, que hay que tener en cuenta es "comprar cuando están abajo y venderlos cuando están arriba". Un momento perfecto para comprar una criptomoneda es después de que haya sido arrojada porque la gente que no la sacó durante ese tiempo no quiere vender su moneda en el fondo, a un precio mucho más bajo. De esta manera, se implica que si el costo de una moneda que usted ha comprado sube rápidamente, es mejor cobrarla.

Ofertas iniciales

Si usted pasa un período de tiempo significativo operando en el mercado de criptomoneda, lo más probable es que eventualmente se entere de una oferta inicial de ICO o de una moneda. Esta es una práctica cada vez más común para que las compañías basadas en cadenas de bloques financien sus objetivos iniciales sin tener que solicitar un préstamo tradicional o utilizar otras tácticas de financiamiento colectivo. Sólo este año, dos compañías han logrado recaudar más de $100,000,000 en menos de 24 horas.

Aunque el nombre proviene de la oferta pública inicial más tradicional que se produce cuando una empresa emite acciones por primera vez, las dos tienen relativamente poco en común. Mientras que los ipos (Oferta Pública Inicial, por sus siglas en inglés) proveen a aquellos que muerden la oportunidad de poseer parte de la compañía en cuestión, sólo ofrece a los primeros adoptantes la oportunidad de comprar un nuevo tipo de criptomoneda a un bajo precio con la esperanza de que aumente hasta el punto en que hacerlo fue una buena decisión. La mayoría de los icos de hoy en día se construyen sobre la cadena de bloques Ethereum.

Aunque gran parte de la financiación de estas empresas proviene de China, no tienen de ninguna manera el monopolio de la práctica y los inversores de todo el mundo están seguros de que morderán si las condiciones son las correctas. Mientras que invertir en criptomoneda, en general, es una propuesta de alto riesgo, invertir en un ICO (Oferta Inicial de Moneda, por sus siglas en inglés) es aún más arriesgado, ya que funcionalmente es una cantidad desconocida. Icos se enfrenta a varios problemas únicos que la convierten en una opción de inversión menos que ideal, empezando por el hecho de que las empresas que las ofrecen no están sometidas a las reglas de la SEC (Comisión de Valores y Bolsa de los Estados Unidos), lo que significa que no están sujetas a ninguno de los estándares que una OPI (Oferta Pública Inicial) debe cumplir para seguir adelante. Además, se teme que cualquier éxito inicial de la OIC haya formado parte de la gran burbuja de la criptomoneda y que el éxito de esta manera no sea factible a largo plazo.

Aunque no sin sus potenciales problemas, los icos tienen con toda seguridad el potencial de generar serios beneficios para los inversores cuyos planes funcionen adecuadamente. Sin embargo, es más importante que nunca en este caso nunca invertir más de lo que puede permitirse el lujo de perder, ya que existe una posibilidad muy real de que lo haga. Antes de seguir adelante y dar el paso, es importante que lo haga y se asegures de que se acerca al ICO con la mentalidad adecuada, desde el primer momento. Esto significa indagar en la documentación disponible, incluyendo un plan de negocios que asegure que la compañía al menos tenga un nivel básico de sentido financiero antes de que usted empiece a ducharse con sus dólares y centavos ganados con esfuerzo. También es importante que sólo siga adelante con inversiones en las que se haya demostrado la necesidad del producto o servicio final. Por último, no olvide asegurarse de que la criptomoneda que está comprando será una parte legítima del producto final y que no se le está vendiendo una oferta "extraordinaria".

Desafortunadamente, cuando se trata de hacer su investigación, a menudo va a tener la suerte de tener un sitio web, un libro blanco y un plan de negocios para obtener información. Como es improbable que la compañía tenga algo concreto para mostrar, usted está asumiendo otro riesgo más al seguir adelante con este curso de acción. Además, hay que tener en cuenta que el hecho de que una empresa esté viendo una fuerte respuesta a su plan no significa que se traduzca en ventas adicionales más adelante. Peor aún, muchos analistas opinan que dar a una nueva empresa demasiado dinero demasiado pronto sólo les hará sentir la necesidad de gastarlo todo y al mismo tiempo minimizar la importancia de producir un producto de calidad porque ya ven los frutos de su falta de mano de obra.

Por último, pero no por ello menos importante, debe tener en cuenta el hecho de que la mayoría de estas empresas están basando todo su negocio en la plataforma Ethereum, ya que sigue siendo una nueva tecnología y no hay nada que indique que algo mejor no llegará y la sustituirá antes de que se haya alcanzado una masa crítica de aceptación. En general, es probable que sea lo mejor para su dinero si espera a ver si la ronda inicial de icos funciona antes de invertir en esta dirección.

Minería

Las criptomonedas & cadenas de bloques son más populares que nunca en estos días gracias a la subida de algunas monedas más populares como Ethereum (Ether). Y, ahora, debido a que la minería se ha vuelto más competitiva, la gente está estableciendo un sistema basado en el hogar, o están estableciendo múltiples salas llenas de sistemas de computación para no hacer otra cosa que minería. Eso, entonces, crea un aumento en el precio de las tarjetas gráficas, y la necesidad de producir tarjetas más grandes y poderosas. Este negocio tiene el potencial de traer una enorme riqueza con la minería al ser capaz de obtener la mayor cantidad de criptomoneda como sea posible.

Los ordenadores que se utilizan para extraer esta moneda digital funcionan con grandes cantidades de electricidad y requieren tarjetas gráficas de última tecnología para poder resolver problemas matemáticos complejos.

Cada vez que resuelven una ecuación y completan una transacción, se les paga con una criptomoneda en particular. Mantener y monitorear estas plataformas de criptomoneda puede ser muy gratificante. Minería de criptomoneda significa ser recompensado por mantener los libros de las plataformas de criptomoneda. Depende de cuánto tiempo y esfuerzo quieran dedicarle los mineros. Cuando se piensa en estas posibilidades de minería, sólo hay que recordar que si se quiere ser serio al respecto, se requiere mucha preparación antes de poder sentarse y estar allí en el momento adecuado para capturar las respuestas a los rompecabezas. Empieza pequeño y aprende todo lo que puedas, y entonces podrás adquirir el equipo necesario trabajando las 24 horas del día, para que puedas ser lo suficientemente competitivo como para hacer una fortuna.

Los sistemas domésticos necesitan configuraciones importantes. Cuando se buscan divisas digitales, los equipos informáticos domésticos requieren una gran potencia de procesamiento. Por esta razón, mucha gente que se aventura en este pasatiempo está construyendo plataformas separadas para extraer dinero digital en otra área. Esto asegura que no están interrumpiendo la configuración de su computadora.

El creciente interés en la explotación minera a domicilio también está inspirando a muchas empresas a sacar provecho de ello. Estas plataformas informáticas no se están construyendo con la suficiente rapidez para algunas empresas. No es ninguna sorpresa porque algunos entusiastas del hogar afirman que ganan cientos de dólares al mes, y los sistemas hacen todo el trabajo.

Hay algunas comunidades en línea que se han formado para ayudarse mutuamente con consejos para construir estos sistemas mineros en su propio hogar. Al hacer esto, elude el margen de beneficio de las empresas que venden plataformas prefabricadas, pero los sistemas domésticos también requieren un mantenimiento adicional y una experiencia sustancial.

Una instalación de minería en casa realmente no garantiza dinero en efectivo instantáneo o prosperidad.

Las unidades de procesamiento gráfico (gpus) son ahora los procesadores mineros preferidos en la mayoría de los casos. Las tarjetas gráficas utilizadas se comercializan especialmente para los mineros porque se desempeñan mejor cuando se trata de los tipos de tareas repetitivas que requiere la minería, mientras que los cpus son mejores para cambiar rápidamente entre muchas tareas.

Otra opción sería la "minería de pileta", en la que usted se asocia con otros mineros para compartir su ratio de hash y maximizar su potencial de recompensas. Aunque esto es opcional, la verdad es que en estos días es prácticamente imposible extraer las criptomonedas más grandes sin ser parte de un grupo. Cuando se trata de elegir una quiniela en la que pueda confiar, el mejor lugar para encontrar información actualizada va a ser en el subreddit (subcomunidad) dedicado a la criptocurrencia en cuestión.

¿Cuáles son los riesgos?

La cuestión inevitable es si se avecina una crisis o si las formas digitales de dinero han dado sus frutos. ¿Deberían los especialistas financieros sacar dinero en efectivo ahora mientras que el obtenerlo es bueno, o ir todo adentro ahora antes de que el valor suba fuera de su alcance? Hasta ahora, lo único que ha sido fiable sobre el movimiento de la criptomoneda en su conjunto es su nivel de imprevisibilidad.

Inrastreable. Esta característica de la criptomoneda también atrae a aquellos que están interesados en eludir la ley. La gente puede, tiene y todavía ofrece una amplia variedad de bienes y servicios en la red oscura que son ilegales en diferentes grados en la mayor parte del mundo. El potencial de anonimato de la criptomoneda es visto como una fortaleza por muchas personas, pero si alguna vez va a despegar de una manera real, es necesario que haya controles en el sistema en algún lugar para evitar que se produzcan delitos más graves, de lo contrario, el establecimiento nunca lo aceptará.

Es fácil de perder. En el caso de que le roben su tarjeta Mastercard o que alguna persona entre en su cuenta bancaria, hay una posibilidad decente de que no pierda dinero en efectivo, ya que los bancos liquidarán su cuenta. De hecho, incluso se puede recuperar dinero en efectivo si la respuesta de la policía es rápida. En cualquier caso, con Bitcoin si lo perdió, lo perdió para siempre. No hay ningún proceso para recuperar Bitcoins robados o perdidos. Si algún individuo se mete en su billetera donde almacena su criptomoneda, usted los ha perdido para siempre. Por eso es crucial que guarde sus monedas en un lugar seguro si planea guardarlas a largo plazo.

Todavía demasiado nuevo. Al hablar de criptomoneda, es importante tener en cuenta que todo lo que se dice cuando se trata de rentabilidad proviene de un marco de tiempo a corto plazo que inherentemente no ha sido probado en más de 10 años, e incluso eso es generoso. Esta falta de datos significa que cualquier decisión que se tome con respecto a la criptomoneda va a ser inherentemente más riesgosa que con cualquier otro tipo de inversión, sin siquiera tener en cuenta todas las otras razones que hacen a este caso.

De hecho, sigue siendo igual de probable que todo esto de la criptomoneda se convierta en una moda y la criptomoneda de todo el mundo, bitcoin incluido, no valdrá la energía que se necesita para abrir una cartera y convertirla de nuevo en una moneda fiduciaria en un año. Por supuesto, los mismos factores significan que es igual de probable que las cosas puedan explotar en la dirección opuesta y que todos los que invirtieron en cualquier tipo de criptomoneda van a despertar mañana como un multimillonario, de nuevo, simplemente no hay forma de saberlo hasta que pase más tiempo y hay una cantidad legítima de datos de los que extraer. Hasta entonces, una suposición es tan buena como otra.

Demasiadas opciones. *Muchas criptomonedas principiantes aún no se han superado y puede que nunca vean los beneficios que Bitcoin ha obtenido, especialmente si se tienen en cuenta sus ganancias recientemente declaradas. Aunque los fanáticos del negocio de las criptomonedas ven el aumento del interés como una gran señal de que todas las formas de criptomoneda se están abriendo camino gradualmente en la conciencia pública, esta idea aún no ha sido probada. Además, cuanto más existan empresas mineras independientes, mayor* *será el grado de descentralización, y ese es un principio fundamental para estas monedas.*

La cadena de bloques es el principal avance mecánico que presentó Bitcoin. Desde el punto de vista de la especulación de efectivo, una cadena de bloques es un registro abierto mutuo de todos los intercambios que se han ejecutado en un determinado acuerdo monetario criptográfico. Es una base de datos de cada intercambio que ha ocurrido. La honestidad y la petición secuencial de una cadena de bloques se autorizan con intensos cálculos criptográficos.

Capítulo 16: Altcoins - Otras Criptocurrencias y Fichas

En los últimos años, el número de nuevas criptomonedas ha crecido rápidamente, y las más antiguas están revelando cada vez más sus deficiencias. Esto sugiere que alguna vez una de las monedas alternativas cambiará a Bitcoin del pedestal.

Por supuesto, Bitcoin es ahora la criptomoneda más popular, y fue por su apariencia que comenzó el rápido desarrollo de otras criptomonedas.

Los creadores del BTC proporcionaron un código abierto para su creación, que más tarde permitió a otros equipos crear otras cripto-divisas sobre su base y desarrollarlas. Las cripto-divisas alternativas se denominan altcoins, cada una de las cuales tiene su propio alcance y características. Aquí hay algunos ejemplos:

Litecoin es una criptomoneda creada por un antiguo empleado de Google Charlie Lee (Charlie Lee) en octubre de 2011 como un bitcoin "evolutivo" y basado en su código abierto.

La cantidad máxima de Litecoin que se puede extraer es de 84 millones (ahora hay más de 51,7 millones de unidades). El algoritmo para extraer esta criptomoneda es similar al bitcoin. Sin embargo, los bloques por los que se paga el premio, en Litecoin se forman cuatro veces más rápido.

Ripple es una moneda criptográfica y un sistema distribuido de pagos con código abierto. Fue lanzado en 2012 para proporcionar transacciones financieras instantáneas, seguras y prácticamente gratuitas (con la escasa comisión, que se elimina) de cualquier tamaño.

En su esencia, XRP es similar a bitcoin: esta criptomoneda se basa en fórmulas matemáticas, es descentralizada, y cada billetera del sistema contiene el historial de todas las transacciones.

Pero hay diferencias. El bloqueo tradicional de Ripple no se utiliza, como en el caso de bitcoin. Es imposible reparar esta moneda: todas las monedas ya han sido creadas. Se pueden comprar en las oficinas de cambio (puntos de conversión) o en las bolsas de valores.

XRP es reconocido por varios grandes bancos. Algunos fondos de capital riesgo invirtieron en esta criptomoneda.

NEM (XEM) se basa en el éxito de taquilla; se pueden construir miles de millones de servicios, desde tiendas en línea hasta redes sociales descentralizadas, terminando con estructuras financieras serias con descentralización y protección de alto nivel.

XEM recompensa a los que apoyan la economía, para que los usuarios puedan ganar monedas simplemente realizando transacciones entre ellos. Este modelo de crecimiento tiene mucho más significado que la minería. Esta es una forma revolucionaria de gestionar el futuro. También tienen planes para crear la primera plataforma de operaciones en criptomoneda, no hay analógico de ebay, pero sí en el éxito comercial.

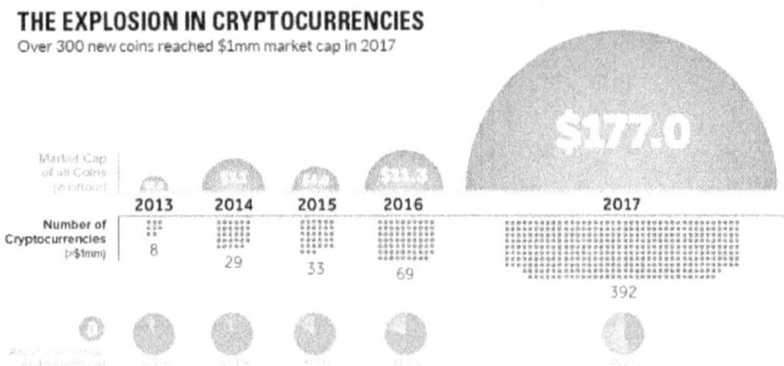

¿Qué es un token?

Un token es una unidad de contabilidad que se utiliza para representar un balance digital en un determinado activo. La contabilidad de los tokens también se mantiene en la base de datos sobre la base de la tecnología de bloques, y el acceso a ellos se realiza a través de aplicaciones especiales que utilizan esquemas de firma electrónica.

¿Cuáles son los tipos de tokens?

- Tokens de capital - representan las acciones de la compañía.

- Los tokens de utilidad - reflejan algún valor dentro del gran modelo de negocio de la plataforma en línea (reputación, puntajes para ciertas acciones, moneda del juego).

- Fichas de activos - obligaciones digitales para bienes reales o incluso servicios (kilogramos de zanahorias, horas de trabajo del constructor, etc.).

¿Qué puede ser un token provisto?

Directamente proporcionados sólo pueden ser los tokens respaldados por activos. En este caso, el token es simplemente una contrapartida digital de un activo o servicio real (físico). Por ejemplo, una ficha puede equipararse simplemente a un metro cuadrado de espacio vital o a la capacidad de ir a una sesión de cine. El garante de la conversión del token en seguridad es la propia gran organización, que almacena bienes o presta servicios.

¿Qué es el token de activos?

La Tokenización es un proceso de transformación de la contabilidad y la gestión de activos, en el que cada activo se representa en forma de un token digital. La esencia de la tokenización completa es la creación de análogos digitales para valores reales con el objetivo de trabajar con ellos de forma rápida y segura. Por ejemplo, el propietario de una panadería crea un sistema de contabilidad electrónica en el que emite obligaciones digitales para los rollos - tokens. Con una reputación bastante buena, este propietario puede pre-vender rollos, vendiendo tokens en las salas de comercio en Internet. En este caso, cualquier propietario de tokens puede simplemente ir a la panadería e intercambiar un token por un panecillo.

¿Cuál es la principal diferencia entre un token y una criptomoneda?

A diferencia de las criptomonedas, los tokens pueden ser emitidos de forma centralizada (bajo el control de una organización) y descentralizada (bajo el control de un algoritmo predeterminado). El procesamiento y la aceptación de las transacciones también pueden realizarse de forma centralizada (todos los servidores están controlados por una organización). La formación del precio de los tokens también puede depender no sólo del equilibrio entre la oferta y la demanda, sino también de aspectos adicionales (vinculación a un activo externo, normas de emisión condicional o remuneración). Además, a diferencia de la criptomoneda, el token no tiene su propio bloqueo.

¿Cómo comprar tokens?

Los tokens pueden ser comprados a través de servicios de comercio en línea (bolsas y puntos de cambio), o en transacciones personales (el comprador y el vendedor están de acuerdo en persona). El proceso mismo del comercio de fichas es idéntico al proceso del comercio de criptomonedas. Además, los emisores de tokens suelen incluir en las páginas web de sus proyectos la posibilidad de comprar tokens a través de los medios electrónicos de pago tradicionales.

¿Dónde guardar los tokens?

En los procesos de transferencia y almacenamiento, los tokens son similares a las cripto-divisas. Para ello, se utilizan carteras especiales, que realizan el almacenamiento y procesamiento de llaves, así como la formación y firma de transacciones. Normalmente, estas aplicaciones forman parte de la infraestructura de la gran plataforma de tokenización.

- ¿Cuáles son los beneficios de la tokenización?

- Acelera el proceso comercial, ya que no requiere el movimiento de activos reales y el registro de documentos para los derechos de propiedad.

- Aumenta la seguridad de almacenamiento y transferencia de transacciones contables en base a la tecnología de bloqueo.

 - También elimina la necesidad de confiar en los intermediarios, ya que su participación puede ser descrita a nivel de contrato inteligente o incluso pueden ser excluidos de la cadena.

- Aumenta la funcionalidad de la infraestructura y amplía la plataforma añadiendo módulos adicionales (autenticación multinivel, facturación, pagos regulares e incluso tarjetas de reposición).

Mejora la facilidad de uso, ya que muchas de las características de la plataforma se pueden integrar en la interfaz de usuario de la aplicación móvil.

¿Cuáles son las ventajas del bloqueo en el proceso de tokenización?

- Organización de una base de datos confiable (asegurando la verificación completa de la integridad y confiabilidad de los datos para cada estado siguiente del sistema).

- Descentralización de un punto de fallo (procesamiento y aceptación de la transacción por parte de varios servidores independientes).

- Organización de una auditoría muy fiable (verificación completa de la exactitud de todo el historial de cambios en la plataforma por parte del auditor).

¿Cuáles son los riesgos y problemas de la tokenización?

- Las llaves personales de los usuarios pueden ser perdidas o robadas por hackers, lo que no puede ser previsto y asegurado.

- Garantizar la confidencialidad en los armarios públicos es una tarea difícil, ya que para el proceso de verificación de las transacciones deben abrirse sus datos.

- La compleja tarea de escalar en un sistema de contabilidad descentralizado, ya que una base de datos descentralizada tiene una estricta restricción de ancho de banda.

Para no perder los fondos invertidos en altcoins, concéntrese en las inversiones a largo plazo en monedas, en las que ve el mayor potencial, así como en las monedas que muestran una tendencia positiva en el mercado a lo largo del tiempo. Como regla general, estas criptocurrencias tienen grandes comunidades, muestran una alta liquidez en los intercambios, y sus desarrolladores están trabajando constantemente para mejorar su funcionalidad.

Capítulo 17: Invertir

Estrategias para invertir en criptomoneda

Usted ya sabe cómo invertir con criptomoneda, así que, ¿cómo puede usted invertir y con suerte obtener un beneficio? Bueno, aquí hay algunas estrategias que puede utilizar en sus inversiones:

1.   Educación: nunca se debe invertir en algo de lo que no se sabe nada. Pero, eso no impide que la gente lo haga de todos modos sólo porque quiera ser parte de algo nuevo. Usted siempre debe asegurarse de que está leyendo el libro blanco y aprendiendo todo lo que pueda sobre los desarrolladores principales, lo que es aún más importante es que usted aprenda para qué sirve la criptomoneda. El precio que pague será el valor que obtenga. Por lo tanto, si usted está invirtiendo en algo que no va a resolver un problema o servir algún tipo de propósito, ¿de qué le sirve a su dinero invertir? Existe la posibilidad de que el precio suba, pero lo más probable es que no aumente por mucho tiempo si el producto no ofrece algún tipo de valor.

Por eso es tan importante educarse a sí mismo, sin importar en qué esté invirtiendo. Con la criptomoneda, es aún más importante para que usted sepa el riesgo que corre al tomar las decisiones que decide tomar.

2.   Invierta en valor: una vez que se haya educado a fondo sobre las criptomonedas, debe asegurarse de que está encontrando un proyecto o

dos en los que cree. Siéntese y escuche lo que otras personas tienen que decir sobre el proyecto y luego tome su propia decisión. No debería permitir que un lado u otro le persuada a unirse a su partido a menos que eso sea lo que honestamente piensa. Pero, lo bueno es que usted es capaz de encontrar los proyectos en los que invierte en los medios sociales para que pueda seguirlos y dar su propia opinión sobre lo que sucederá a continuación en el proceso de desarrollo.

3. Retención: Después de haber elegido su divisa, se aconseja que no intente operar durante el día. Usted debe aferrarse a su inversión por un período prolongado de tiempo y vender sólo cuando el precio es alto, lo que causará que usted compre en una caída. Los diversos oscilaciones que usted ve en las criptomonedas lo atraerán al comercio diario, pero trate de evitarlo porque está trabajando en un mercado especulativo y muy irracional en el que comenzará a perder dinero, especialmente si usted es un principiante.

Inversión a largo plazo vs. Inversión a corto plazo con criptomoneda

Cuando usted invierte en criptomonedas, tendrá la opción de invertir a largo o corto plazo. Ahora, obviamente, las inversiones a largo plazo son aquellas en las que usted invierte durante un período de tiempo prolongado. Es prudente elegir una divisa que esté disponible por un tiempo para hacer inversiones a largo plazo. Dos de las que usted puede considerar investigar con inversiones a largo plazo son Bitcoin o Ether.

Pero, cuando se trata de inversiones a corto plazo, usted debe mirar en las monedas que están haciendo bien, pero que pueden no quedarse. Estas inversiones a corto plazo están destinadas a conseguirle dinero rápidamente para que tenga algo en lo que invertir con sus inversiones a largo plazo.

Por lo general, sus inversiones a corto plazo sólo durarán hasta un año, mientras que sus inversiones a largo plazo durarán hasta diez años. Por lo tanto, usted debe usar esa guía para determinar lo que va a hacer su inversión a largo plazo y su inversión a corto plazo.

Como se mencionó anteriormente, el Ether y Bitcoin son buenas inversiones a largo plazo porque han existido durante algunos años. Sin embargo, usted no tiene que usarlos como su inversión a largo plazo. Si quisiera, podría usar uno como su a largo plazo y el otro como su a corto plazo.

Por ejemplo, usted decide invertir en Bitcoin para su inversión a largo plazo. Usted aparta dinero e invierte en él un poco cada mes viendo crecer sus ganancias.

Pero, usted decide invertir en Ether durante unos meses. El dinero que gane con el Ether lo tomará y lo pondrá en su cuenta de Bitcoin. Y, ya que el

Ether lo está haciendo tan bien, usted decide hacer otra inversión a corto plazo.

Puede parecer confuso, pero una vez que tenga experiencia en hacer inversiones a largo y corto plazo, lo entenderá un poco mejor.

Ahora, para decir qué es mejor, no hay forma de saberlo. Todo se reduce a la moneda en la que está invirtiendo, cuánto está invirtiendo y cuánto tiempo planea invertir. Cada historia de inversión es diferente, por lo que nadie podrá decirle lo que sucederá y lo que debe hacer. En lugar de eso, tendrá que tomar esa decisión usted mismo.

Capítulo 18: ¿Cuáles Son Algunos de los Términos Importantes?

51% Ataque - Un ataque del 51% es cuando la mayor parte de la potencia de registro en un sistema es trabajada por un individuo solitario o una reunión concentrada, lo que les da el control de acabado y agregado sobre un sistema. Sin embargo, las cosas que una sustancia con un 51% de la fuerza de registro puede incorporar no se limitan a eso:

Poner fin a toda la minería.

Poner fin y controlar cada intercambio relacional.

Utilizando monedas particulares una y otra vez.

Dirección - Una dirección bitcoin es básicamente algo indistinguible de su número de calle. Es el área de donde usted obtendría, enviaría o retendría su dinero en efectivo. Estas direcciones se muestran en su mayor parte en una larga cadena de caracteres alfanuméricos. Una dirección de billetera es la parte general de las personas que forman parte de las dos llaves codificadas fundamentales para que un titular reconozca o compruebe un cambio.

Altcoin - Un altcoin es el nombre reconocido por el grupo para cualquier moneda que no sea Bitcoin. Altcoins de los que ya hemos hablado incorporan Dash & Monero.

Minero ASIC/ASIC - La minería ASIC es una técnica astuta para extraer diferentes monedas a un ritmo significativamente más rápido de lo que cualquier escritorio o tableta típica puede permitir. Básicamente un ASIC o Application Specific Integrated Circuit (Circuito Integrado Específico de Aplicación) es un chip especialmente diseñado para ejecutar una asignación. Entre en la minería ASIC. También hay ASIC's que desentrañan particularmente el código científico en relación con los altcoins, como Litecoin por ejemplo. A pesar de que últimamente ha habido una medida decente de discurso que abarca la vida útil de la minería a lo largo de estas líneas e incluso hemos observado que las monedas lo hacen, por lo que es difícil minar con un ASIC.

Esta lista muestra algunas de las otras criptomonedas que usted puede comprar que están capitalizadas en el mercado superior y algunas a precios más bajos que tienen un valor de menos de $1 cada una.

- Ripple (XRP); El precio actual de un Ripple es de $0.28

- NEM

- Bytecoin

- DigiByte

- Golem

- Lúmenes Stellat

- Dogecoin (DOGE, XDG)

Capítulo 19: Cómo encontrar las mejores carteras para sus inversiones

A pesar del nombre "Bitcoin", en realidad las bitcoins no son monedas físicas que se pueden meter en el bolsillo, ni billetes físicos que se pueden meter en una billetera, pero sí usan billeteras. La "cartera" Bitcoin, por supuesto, es simplemente como se llama la unidad de almacenamiento digital de bitcoins. Anteriormente en este libro ya hemos discutido los conceptos básicos relacionados con este mecanismo, pero ahora en este capítulo exploraremos las opciones de billetera, así como otras características de seguridad adicionales con más detalle, para que pueda descansar tranquilo sabiendo que sus preciadas inversiones de Bitcoin son seguras.

Ponga su billetera en el almacenamiento en frío

Si alguien le dice que acaba de poner su billetera Bitcoin en el almacenamiento en frío, o "cold storage" no significa que la ponga en el congelador de su cocina, significa que tiene un repositorio virtual de bitcoins que se mantiene totalmente fuera de línea. Esta cartera Bitcoin se mantiene alejada de Internet a propósito para que nunca se enfrente a la amenaza de ser pirateada, atacada o sometida a códigos informáticos maliciosos. Piensa en ello como si fuera seguro en el aislamiento frío y helado del mundo fuera de línea.

Después de poner su billetera en el almacenamiento en frío como éste, para que alguien pueda robarle sus bitcoins, tendría que literalmente romper la puerta de su casa y huir con su dispositivo físico en una cámara frigorífica para poder hacerlo.... Y mientras no anuncie a nadie que tiene miles de millones de bitcoins almacenados en una computadora fuera de línea, no debería tener nada de lo que preocuparse.... ¡Y esto puede ser obvio, pero no vaya a transmitir su alijo a través de Facebook! Simplemente mantenga las bitcoins que tiene bajo control y todo debería estar bien.

Recuerdo una historia que escuché recientemente sobre una casa que fue robada. El dueño de la casa aparentemente tenía una gran cantidad de bitcoins, pero el ladrón - no el más sabio de los ladrones - no sabía nada al respecto. El tipo robó un televisor de pantalla plana y 54 dólares en efectivo, ¡pero dejó casi un millón de dólares de bitcoins completamente inalterados! Tan malo como es tener su casa irrumpida... Gracias a las prácticas de almacenamiento en frío de este inversor y sus bitcoins en el congelador, fue capaz de cobrar sus bitcoins y volver a la normalidad.

Y como es posible generar nuevas claves privadas sin acceso a Internet, debería poder mantener la billetera en un estado de congelación en frío, indefinidamente. Todo lo que tiene que hacer es descargar un programa de billetera en un dispositivo separado, y luego usarlo para crear claves privadas sin conexión, antes de guardarlas en un dispositivo adicional que nunca ha estado conectado a Internet. Estas llaves se encuentran ahora en un estado perfectamente congelado de almacenamiento en frío, completamente intactas y alejadas de cualquier amenaza de penetración dañina del mundo exterior. Así que, adelante amigos, ¡y pongan su billetera en el congelador!

Hacer Una Billetera de Papel

Cuando se trata de asegurar sus bitcoins, una de las formas más sencillas y seguras de hacerlo puede ser escribirlo todo en un papel. ¡Eso es correcto! Simplemente anótelo en su cuaderno (del tipo de papel) y guarde esa libreta legal en algún lugar seguro de su casa u oficina. Sólo asegúrese de no etiquetar la billetera de papel con obsequios obvios como "¡Eh! ¡Este trozo de papel tiene la llave de todas mis bitcoins! Incluso si lo vieran, probablemente ni siquiera sabrían lo que es.

Y para confundir aún más a la gente, se pueden anotar las teclas en el medio de otras notas, para hacerlas indescifrables. Pero haga lo que haga, asegúrese de hacer algunas copias clonadas en una memoria USB u otro medio, en caso de que su billetera de papel se pierda, se tire o se destruya. Porque no sería muy divertido descubrir que accidentalmente tiraste miles de bitcoins en el basurero el día de la basura! Guarde siempre su cartera de papel en un buen lugar para que esto no suceda.

Pruebe Una Billetera de Hardware

Las billeteras de hardware son dispositivos separados, con la forma de una memoria USB, que pueden funcionar para crear nuevas claves privadas para usted fuera de línea. Puede guardar estas claves privadas, guardadas de forma segura en este dispositivo, y cuando las necesite, simplemente inserte la memoria USB en su PC y utilícela para realizar transacciones con sus bitcoins. Dado que las claves privadas están bloqueadas dentro de un dispositivo sin conexión, se elimina la amenaza de robo cibernético. Su Cartera de Hardware entonces hace uso de una pequeña cosa llamada "firma de transacción" para que todo pueda ser verificado fuera de línea, sin la necesidad de una conexión a Internet.

Para enviar sus bitcoins, todo lo que tiene que hacer es conectar el dispositivo y pulsar un interruptor físico en el dispositivo y sus bitcoins estarán en camino. Es por esta razón que me gusta llamar a la cartera de hardware un dispositivo "plug & pay",(enchufe & pague) porque realmente es así de fácil. Si quiere comprar algo, sólo tienes que sacar la cartera de hardware, enchufarla y pagar. Una marca de billetera de hardware en particular, ha estado haciendo olas últimamente; se llama "Trezor".

La billetera Trezor es conveniente y es increíblemente segura. Trezor puede conectarse directamente a cualquier dispositivo y permanecer completamente a salvo de virus y otros programas maliciosos. Este dispositivo es sólido y no permite la entrada ni la salida de nada, a menos que el usuario lo autorice. Esto significa que puede conectar a este chico malo a un ordenador lleno de virus, ordenarle que envíe bitcoins con una designación específica, y no tener ningún código malicioso infiltrado en su billetera. La facilidad de uso y la seguridad de la cartera de hardware realmente vale la pena, y bien vale la pena su tiempo e inversión.

Yo mismo hice uno de estos cuando fui a Grecia el verano pasado, y me sorprendió gratamente encontrar cafeterías en Atenas que eran completamente compatibles con Trezor. A medida que Bitcoin se hace más común en todo el mundo, también encontrará que estas carteras y dispositivos de hardware se están volviendo mucho más frecuentes. ¡Así que ahora es un buen momento para invertir en su propia cartera de hardware!

Tenga Cuidado con las Billeteras para Teléfonos Móviles

Hoy en día podemos descargar una aplicación para casi cualquier cosa en nuestros teléfonos, así que, por supuesto, las aplicaciones de bolsillo para Bitcoin eran casi inevitables. A muchos les encanta la conveniencia de tener sus bitcoins cargados directamente en sus teléfonos, pero para esta facilidad de acceso, usted está asumiendo mucho más peligro que con otros métodos de almacenamiento. Las carteras móviles son muy populares, pero estos depósitos de direcciones de bitcoin llevan consigo un peligro obvio.

Todo lo que puedo decir es que, si decide llevar sus bitcoins en su teléfono móvil, asegúrese de que su móvil tenga un sistema operativo actualizado y lo último en protección antivirus. Porque si pierde Su teléfono, o si está en peligro, ¡está perdiendo bastante! Así que, incluso si intenta usarlo, siempre debe ser muy cauteloso con las carteras de los teléfonos móviles... ¡Y si quiere usarlo, intente con todas sus fuerzas no perderlo! Porque una vez que se le caiga la cartera del teléfono móvil, lo más probable es que no vuelva a ver los bitcoins que contiene.

¡Use tu cerebro! ¡Billetera!

¡De acuerdo, amigos! Si pensaba que la cartera del cerebro era un dispositivo de almacenamiento de alta tecnología, lamento decepcionarle, pero cuando los usuarios de Bitcoin hablan de usar una "cartera del cerebro", ¡se están refiriendo literalmente a su propio cerebro! ¡Sí, ese trozo de mil trescientos gramos de materia gris entre sus orejas puede ser un dispositivo de almacenamiento muy útil! Si usted tiene buena memoria, y siente que puede memorizar sus cadenas de claves privadas de letras y números aleatorios, la cartera del cerebro, como se le llama, sería el medio más efectivo de almacenamiento posible.

Porque a menos que se encuentres con algún ladrón psíquico de Bitcoin en algún lugar capaz de absorber vampíricamente los datos directamente de su cerebro, una vez que tus claves privadas estén memorizadas, ino es probable que nadie vaya a obtener esa información de usted! Para facilitar aún más las cosas, puede simplemente memorizar una "llave maestra" que sirve para abrir todas las demás llaves privadas. Esto debería proporcionar la mayor comodidad y seguridad si puede hacerlo.

Por supuesto, si alguien adivinara de alguna manera su llave maestra y de repente tuviera acceso a todas sus claves privadas de una sola vez, sería un día muy malo. Pero las probabilidades de que algulen literalmente piratee su cerebro son astronómicas. Almacenados en el viejo vaso, ilos malos no serán capaces de hackearlo! Mantenga esos bitcoins en su propio espacio mental. Si tiene buena memoria, use tu cerebro. ¡Billetera!

Capítulo 20: Estrategias de Inversión

Hay tres estrategias de operaciones en las que voy a entrar en este libro, y dejar el resto para los próximos libros de esta serie. Echaremos un vistazo a un cuarto aquí también, pero es una estrategia más avanzada, ¡que requiere una inmersión profunda en un nuevo libro!

No, no es para que compre más libros, pero por ahora, asumo que sólo está entrando y mojándoSe los pies. Si tuviera que cargarte con algo más que esto three—plus, el de la última chapter—it sería demasiado abrumador.

Así que con eso en mente, lo que quiero hacer en esta segunda mitad del libro es concentrarme en las estrategias que puede poner en marcha ahora mismo, para famirializarle con la naturaleza de cómo funciona bitcoin y los otros altcoins. También quiero decir una cosa más antes de que nos pongamos en marcha. Hay miles de monedas por ahí y por lo menos una docena que son prominentes, pero el rey de todas las monedas, y el líder del mercado, es BTC.

Esto es lo que sabemos. Pero lo que también debe saber es que debe limitar su exposición a las monedas que están dentro de esta docena superior. A pesar de que hay miles de monedas en el mercado, no debería estar extendiéndote tanto como para tratar de cambiarlas todas. Terminará abrumándose y cometiendo muchos errores que le costarán tiempo y dinero.

En un mercado en el que cada minuto ve una fluctuación y cada fluctuación puede potencialmente generar ganancias, usted debe mantenerse al tanto en todo momento y saber exactamente lo que está haciendo diariamente y semanalmente. Le mostraré cómo mantener su enfoque en la sección de mentalidad en la parte posterior del capítulo.

Comprar los Dips

Su primera estrategia es comprar siempre en una caída. No crea en un rally ya establecido. Si usted se detiene y observa el mercado por primera vez, notará que el mercado siempre cobra hacia adelante, luego vuelve a rastrear, y luego cobra hacia adelante de nuevo. Es la naturaleza de todos los mercados financieros, especialmente los mercados de divisas, y más aún, el mercado de criptomoneda.

Si usted compra en el momento en que ve el ascenso, entonces le dará dolor de cabeza cuando se dé un chapuzón, y esto podría desmoralizarlo. Así que espere a la inmersión y cuando se sumerja cómprela en el baño después de que gire de nuevo. De esa manera, una vez que dé la vuelta, tendrá un tramo más largo con el que correr. Deje que los saltos sean el indicador para que usted apriete el gatillo.

Lo mismo ocurre cuando usted espera en corto para la inmersión. En este caso, lo que significa la caída en la bajada es que retrocede en el camino hacia abajo por un minuto y... Que es cuando lo atrapa. Si observa el ejemplo del último capítulo, verá que la misma operación se realizó el día en que la divisa comenzó a subir. Cuando se coronó y comenzó a regresar, es cuando fue liquidado. Lo que hay que tener en cuenta es que nunca hay que intentar atraparlo en su apogeo. Puede que tenga suerte de vez en cuando. Usted puede entrar en el fondo de la roca y salir en el ápice, pero eso no va a ser la manera todo el tiempo y no lo que usted debe esperar. Tanto el ápice como el hoyo tienen un propósito específico, y ese propósito no es para que usted pueda cosechar o liquidar, sino para prepararse para el siguiente movimiento. Esos son sus puntos de activación.

Volumen de la balanza

La siguiente estrategia con la que usted quiere familiarizarse es entender que la mayoría de las BTC se negocian en el día a día. Usted quiere ser capaz de entender a dónde va el dinero grande y el dinero inteligente, y seguirlo. Para hacer eso, lo que usted quiere hacer es mirar el flujo de dinero, y el indicador OBV hace exactamente eso.

El indicador OBV (Sobre el volumen del balance, por sus siglas en inglés) se puede encontrar en algunos de los mejores corredores que ofrecen plataformas MT4. Esto es lo que quiere. Lo que realmente no quiere hacer es operar a ciegas y manualmente. Usted quiere ser capaz de programar la mayor cantidad posible de las operaciones con suficiente riesgo de caída mitigado, y con suficiente potencial alcista capitalizado. En el indicador OBV, se muestra la cantidad de dinero que fluye hacia un contador determinado. En el caso de BTC, si ve que la moneda tiende a subir mientras que su indicador OBV tiende a bajar, entonces significa que el dinero está saliendo del mercado y que la subida no es sostenible. Puede utilizar esto como una guía para prepararse para acortar el mercado o liquidar una posición larga que tomó anteriormente en el ciclo.

Por otro lado, si el precio de la moneda está descendiendo pero el indicador OBV comienza a aparecer, entonces usted está buscando hacer una compra pronto, porque el dinero está empezando a fluir en el contador.

He aquí cómo puede utilizar eso con la compra de la inmersión y con la estrategia de acortar el down & long los ups que vio en el capítulo anterior. Usted inicia el comercio por la mañana y programa el software para comprar puramente en las bajadas, con la primera advertencia que viene del OBV antes de iniciar una posición. Usted también pone un stop loss (pare las pérdidas) en el sistema para que su desventaja sea mitigada. También puede colocar una orden condicional para que en lugar de un stop loss sea una cobertura como hablamos hace dos capítulos.

Arbitraje

La única estrategia que usted debe seguir absolutamente cuando usted es nuevo en el juego es el arbitraje. ¡Si usted no está haciendo arbitraje entre divisas, está dejando dinero sobre la mesa y no tendrá excusa porque se lo dijimos aquí mismo!

Aquí está cómo debe usted observar el arbitraje:

¿Recuerda que le dijimos que debería seguir al menos dos o tres monedas, siendo una de ellas la BTC? Recuerde que también debe seguir el dólar y ver cómo lo hace, y lo que las otras monedas en su canasta de conocimientos están haciendo en todo momento. Usted tiene que saber que todos los mercados están conectados y que necesita mantener un ojo en esa conexión.

La forma en que usted configura esto es hacer que su programa monitoree las tres o cuatro monedas en las que está operando, y también mirar las cotizaciones entre divisas. Así que imagine que tenemos la Moneda A, la Moneda B, la Moneda C y D. La Moneda A es la moneda base y cotiza frente al dólar, y la Moneda B, la Moneda C y D también cotizan frente al dólar.

Por ahora, digamos que la Moneda A se cotiza como 1:1 contra la dollar—that significa que usted recibe una unidad de A por cada dólar. Entonces usted tiene la divisa B operando a $2, la divisa C operando a $3 y la divisa D operando a $4.

Tomemos dos monedas en este punto para simplificar el ejemplo. Si la divisa A está operando a la par con el dólar, entonces también debería estar operando en unidades contra la divisa B. Pero si usted observa el mercado de cerca, cada pocas horas obtendrá un escenario donde la divisa A y B, en lugar de ser 1:2, estará a 1:1.9. Asumiendo que las monedas base de la Moneda A y el dólar y la Moneda B y el dólar están todavía a la par y 1:2 respectivamente, hay un desajuste de precios entre A y B.

Esta es una oportunidad para que usted compre B usando A, y luego usando A para comprar el dólar. Eso le dará una ganancia inmediata de 0,1. El riesgo de mercado es casi nulo, siempre y cuando se obtengan los precios que se muestran en la pantalla. La única manera de hacer esto de manera efectiva es que el programa que está ejecutando constantemente compruebe que los precios de estos discrepancies—which ocurran más de lo que usted cree. Debe aprovecharse de ellos cada vez.

El mercado de arbitraje de criptomoneda es un mercado valioso. Usted obtiene una ganancia al hacerlo mientras mantiene el equilibrio del mercado. Es un esfuerzo casi libre de riesgos y fácil de programar. Con cuantos más pares de divisas haga esto, más oportunidades tendrá en el precio desigual. Usted debe hacer que su programa de operaciones haga esto para todos los contadores que usted can—even los que usted no está totalmente familiarizado with—because este comercio no se trata de la comprensión de la naturaleza de la moneda, sino que más bien se aprovecha de los errores de precios de cualquier mercado.

Hay un total de 11 criptomonedas (BTC más 10) más el USD para el que debe configurar su sistema.

Entonces usted estará atento a cualquier cosa que empiece a operar fuertemente y tenga un impacto en el mercado; aún es pronto en el mundo de las criptomonedas, y usted puede obtener ganancias si no hace nada más que establecer su programa para buscar desajustes de precios y oportunidades de arbitraje.

Obviamente no hay coincidencia

Operar con un desajuste OBV es una operación de segundo orden, en el sentido de que ya no se trata sólo de mirar el precio de las cosas para determinar una operación. En realidad está viendo el efecto de la actividad a su alrededor que es medida por el OBV. Cuando usted ve que hay un desajuste entre dos contadores, entonces usted mira el precio al que están operando y ve si el precio del activo subyacente es convergente o divergente. Si está convergiendo, entonces se estás preparando para una orden de venta. Si es divergente, entonces se estás preparando para una orden de compra. Este es uno de los indicadores que puede utilizar después de que se familiarice con la forma de operar con varias divisas a la vez.

Estas estrategias le ayudarán a empezar a operar con criptomoneda, lo que lo hará divertido e interesante. Operar con criptomonedas es acerca de velocidad, agilidad y tener el valor de observar las fluctuaciones en el precio y tomar ventaja de ello siempre que sea posible. Es un mercado altamente oportunista y esa es la mentalidad que usted debe traer a la mesa. Este no es el mejor mercado para que se relajes. Si trae su juego de alta energía a la mesa, será recompensado.

Mentalidad

Su forma de pensar es el elemento crítico que controla si usted tiene éxito en este esfuerzo o si termina perdiendo. La gente que veo perder dinero en el mercado son típicamente de dos categorías: Los primeros son los que no se molestan en leer, y sólo poco a poco empiezan a entender qué es el mercado y de qué se trata. Obviamente no está en esa categoría; después de todo, está leyendo esto para mejorar sus conocimientos. Así que es un comienzo brillante. Pero hay un largo camino por recorrer.

La segunda categoría de personas son las que no son capaces de soportar los constantes giros y fluctuaciones del mercado. Este no es un mercado lento y las cosas pueden cambiar en un momento.

Luego están los tres tipos de personas que se encuentran cuando el mercado cambia de dirección:

El primer tipo de pánico y liquidación. El segundo tipo se congela y observa la erosión de sus propiedades, y luego está el tercero que ve el cambio de dirección como un potencial de ganancias y como una oportunidad, y el que da la vuelta a la derecha con él y revierte su exposición. Necesita reaccionar rápido y no enamorarse de una posición.

Psicológicamente, mi entrenador de motivación nos dice que se trata de no querer admitir que te equivocas en un oficio. No tengo ese problema. Seré el primero en admitir que hice una llamada equivocada y cambié de posición para poder ganar dinero mientras el otro tipo se revuelve en la boca del estómago esperando que el mercado rebote. Por el momento ha caído y rebota y su posición es par; he hecho dinero dos veces.

Lo que trato de decir es que hay que tener la cabeza fría mientras se opera... Y como es humano, lo mejor que se puede hacer para mantener este estado es asegurarse de que se opera de forma programada.

Cuando usted hace operaciones programadas hay diferentes estrategias que pueden ser programadas en el sistema. Su primera exposición al mercado funcionará si sólo puede poner en marcha las cuatro estrategias mencionadas en este capítulo.

Asegúrese de entender que hay algunas operaciones en las que tendrá que reducir sus pérdidas. Además, cuando reduzca sus pérdidas, deberá pasar a la siguiente de manera eficaz y eficiente sin preocuparse demasiado por la leche derramada.

Los operadores, independientemente del instrumento y del activo subyacente, son una clase diferente en su conjunto. He estado en él durante más de veinte años, operando con divisas y observando el mercado durante veinte de las veinticuatro horas, cinco días a la semana. No hay casi nada que pueda pasar en el mercado que me asuste mientras estoy en esta posición. Esto se debe a los siguientes factores:

1. Mi forma de pensar durante una operación y antes de que comience el día de operaciones es muy simple. No estoy emocionalmente conectado al negocio. No celebro cuando el comercio es bueno, y no me quejo cuando sale mal.

2. No veo el comercio como money—I lo veo como una tarea y una respuesta. Es una negociación entre el mercado y yo. Cuando el mercado se desvía, me pongo a contrarrestar. Cuando se desvía hacia la derecha, me muevo para contrarrestar de nuevo.... Y mientras estoy en el mercado, lo hago constantemente sin pasar un momento pensando que estoy en la punta de cualquier cantidad de dinero que hay detrás de cada llamada.

3. Cada comercio es frío. Yo trabajo los números y sé la respuesta. Es la clave para cualquier comercio. Cuando quiere entrar en este mercado tiene que saber todo lo que está pasando y tiene que entender las herramientas que tiene a su disposición. Ese es el propósito de estos libros que lee. Es para que entiendas la herramienta que tiene en el sistema y en el mercado, así como en su mente. Son todas herramientas, y usted las tiene a su disposición para poder salir y ejecutar una operación. Me llevo las pérdidas de una operación a la siguiente, pero me aseguro de que al final del día la posición neta con la que cierro sea siempre una mentalidad. Si no lo es, no importa porque tengo

mañana. Sólo miro los errores que he cometido y me aseguro de aprender lo suficiente para no repetirlos.

Capítulo 21: Las Mejores Plataformas de Negociación

El comercio en criptomoneda ha continuado siendo lucrativo debido a los altos niveles de especulación y la creciente aceptación de criptomoneda por la comunidad global en línea (netizens).

Una vez que tome la decisión de operar en criptomoneda, necesita tener una plataforma apropiada, que no sólo le ayudará a comprar sino también a operar en criptomonedas.

Establecer los criterios correctos para guiarle en su elección de plataformas de operaciones le ayudará a evitar las trampas que muchos principiantes encuentran, tales como registrarse en una plataforma de operaciones en la que sus criptomonedas preferidas no están siendo operadas o no son comprables usando su moneda fiduciaria o medios de compra disponibles. Esto también le ayudará a evitar tener que registrarse en una plataforma que no es segura y que es propensa a ser pirateada.

Criterios para elegir la mejor plataforma

Los siguientes son criterios que le permitirán elegir la mejor plataforma de operaciones para su criptomoneda:

- Seguridad - ¿Qué tan seguro es el servidor y su sitio web?

- Liquidez - ¿Cuánto y rápido es el flujo de caja?

- Tarifas y ajustes - ¿Cuánto se está cobrando por transacción?

- Transparencia - ¿Cuán transparente es el intercambio en términos de precios, volúmenes y monedas?

- Pares de divisas - ¿Cuántos pares de divisas están disponibles? ¿Intercambia la plataforma en mis pares de divisas preferidos? (por ejemplo, Crypto/crypto, fiat/crypto, crypto/fiat, etc.)?

- Medios de pago - ¿Qué medios de pago están disponibles (tanto para la compra como para la recepción de los ingresos de la venta)?

- Atención al cliente - ¿Es buena la atención al cliente? ¿Están contentos los clientes? ¿Qué tan rápido y efectivo se manejan los asuntos de los clientes? ¿Cuáles son las quejas más comunes de los clientes?

- Reputación - ¿Cuál es la calificación actual de la plataforma de operaciones?

- Amistad con los principiantes - ¿Es la plataforma amigable para los principiantes? ¿Tiene suficientes recursos para ayudar a los principiantes a aprender a operar en su plataforma? ¿Ofrece cuentas ficticias donde los principiantes pueden practicar antes de ser lo suficientemente hábiles para operar en la plataforma?

Las 5 Plataformas de Operaciones más importantes

Con los criterios adecuados en mente, ahora puede garantizar la mejor plataforma. Las siguientes son algunas de las mejores plataformas para que usted las considere:

1.   **Coinbase**

Coinbase es la plataforma líder de comercio en criptomoneda. Está considerada por la mayoría de los usuarios de criptomoneda como la mejor plataforma de intercambio para criptomonedas. La mayoría de las principales criptomonedas se negocian en la plataforma.

Coinbase ha registrado un aumento del tráfico de casi un 70% en los meses de octubre a noviembre de 2017. A mediados de 2017, tenía alrededor de 20 millones de billeteras en criptomonedas y 75.000 comerciantes que utilizan la plataforma como procesador de pagos. También contaba con 15.000 desarrolladores de aplicaciones que han creado apis basados en su plataforma.

Esto demuestra que todavía tiene un futuro estable como plataforma de elección para muchos operadores.

Pros

- Fácil de usar

- Base de clientes fieles

- Experiencia positiva del cliente (gran interfaz de usuario, disponibilidad de la aplicación móvil)

- Un montón de carteras en línea

- Presente en múltiples zonas monetarias incluyendo EE.UU. (Dólar), Gran Bretaña (Libra) y Europa (Euro).

- Puede comprar hasta 1.000$ de Bitcoins con tarjeta de crédito siempre que su ID sea verificada.

- Depósitos asegurados

- Ethereum, Lite Coin y Bitcoin Cash también se comercializan

- Se permiten transacciones fuera de la cadena, lo que la hace más rápido que otras plataformas de operaciones

- Asociación con actores financieros clave, lo que facilita el uso de monedas y canales tradicionales para comprar criptomonedas. Estos incluyen paypal, NYSE, BBVA, Andreessen Horowitz & Shift Card.

- Función de ventas de Paypal BTC que permite a los usuarios de paypal vender sus Bitcoins (actualmente disponible sólo en los EE.UU.).

- Vinculado a la tarjeta de crédito Shift Credit Card (a petición), que le permite utilizar Bitcoins para liquidar pagos normales mediante la conversión automática de Bitcoins a una cantidad equivalente en dólares (actualmente disponible sólo en los EE.UU.).

- Regalos para los nuevos usuarios

- Billeteras básicas para principiantes y billeteras avanzadas (Multisig Vault) para usuarios experimentados. Multisig Vault permite a los usuarios experimentados administrar sus propias llaves de billetera. Multisig Vault significa que incluso si Coinbase se derrumba, usted no pierde sus monedas.

Contras

- Largo tiempo de investigación y aprobación debido al alto volumen de inscripciones. Sin embargo, este es un problema que afecta a la mayoría de las principales plataformas de negociación de criptomoneda debido al aumento de la demanda mundial de criptomoneda.

- Frecuente marcado y congelación de cuentas debido a las estrictas normas de seguridad - Esto causa inconvenientes extra de investigación de antecedentes a muchos clientes. Sin embargo, teniendo en cuenta las garantías de compensación de la plataforma debería perder sus monedas por ningún error propio, esto da seguridad. Esto también ha sido desencadenado por el aumento de los casos de piratería informática y violaciones de la seguridad.

2.	Bittrex

Bittrex tiene fama por su exhaustivo proceso de investigación, especialmente de nuevas monedas y seguridad del usuario. Posee módulo de alta seguridad. También soporta una amplia gama de monedas. Actualmente, soporta el comercio de más de 190 criptomonedas. Tiene un alto nivel de estabilidad acompañado de transacciones rápidas.

Debido a su alto nivel de seguridad, cuenta con una de las carteras más seguras del mercado. Muchos expertos en criptomoneda han apostado a que superará a Coinbase en un futuro próximo. Es la plataforma de intercambio más globalizada que puede aceptar operadores de más de 180 países de todo el mundo. Esto ha sido posible gracias a su socio de pago y verificación en línea, Jumio. Esto eclipsa a Coinbase, que lucha por servir a clientes de Norteamérica, Europa, Australia y Singapur. Su competidor junior, Kraken, sólo sirve a EE.UU., la UE y Japón.

Cuando se trata de tráfico de visitas, Bittrex ya ha superado a Coinbase, ya que recibe más de 160 millones de visitantes al mes en comparación con Coinbase, que recibe unos 125 millones de visitantes al mes (en los meses anteriores a finales del año 2017). Kraken recibe sólo 45 millones de visitantes. Recibe el mayor volumen de tráfico móvil con un 35%, que casi se acerca a la combinación de Coinbase y Kraken, lo que supone sólo un 35%.

La mayoría de los usuarios afirman tener un mejor compromiso con Bittrex que con Coinbase. Esto podría ser atribuido a su mejor utilización de las redes de medios sociales, incluyendo Facebook y Twitter en marketing y servicio al cliente.

Pros

- Nivel máximo de seguridad (hasta ahora, no se han registrado incidentes de piratería informática)

- Gran sistema de autenticación de dos factores

- Disponible en casi todos los países del mundo

- Actualmente soporta más de 250 criptomonedas

- Sin límite de depósitos

- Totalmente regulado por las autoridades de EE.UU. Y puede quejarse

- Permite retiros de hasta $3,000 por día con sólo una verificación mínima.

- Grandes volúmenes de transacciones disponibles para los grandes operadores

- La mayoría de sus fondos se almacenan en frío, lo que aumenta la seguridad.

- Solicita el mínimo de información personal posible durante el proceso de verificación

- Tiene uno de los procesos de verificación de cuenta más rápidos

- Tiene una tarifa plana fácil de calcular pero asequible del 0,25%.

Contras

- Respuesta lenta a los clientes

- Falta de apoyo para el préstamo y la negociación de márgenes

- Baja liquidez que a veces causa retrasos en el tiempo de espera

- Rendición de cuentas opaca cuando se producen compromisos de seguridad

- Al ser un intercambio criptográfico, no soporta depósitos ni retiros de fondos.

3.   Kraken

Kraken presume de un marco de alta seguridad. Es preferido por operadores intermedios y profesionales debido a su rápida financiación, alta liquidez, operaciones de margen, bajas comisiones y tipos de órdenes avanzadas como las órdenes stop-loss. La plataforma acepta tanto transacciones en fiat como en criptomoneda, que se pueden realizar mediante transferencia bancaria en ese banco. Sin embargo, la plataforma no acepta depósitos en efectivo, débito o tarjeta de crédito.

Pros

- Ofrece algunas de las tasas más baratas para retiros, depósitos y operaciones.

- Es más transparente que la mayoría de las plataformas. Realiza regularmente auditorías de las pruebas de reserva.

- Tiene un excelente ranking. Está clasificado como el 5º en la lista de las principales plataformas de comercio en criptomoneda.

- Permite el depósito gratuito de euros, yenes japoneses y dólares canadienses.

- Soporta el comercio de margen.

- Permite la autenticación de dos factores a través de la aplicación 2FA de Google

- Proporciona retiros rápidos de SEPA (Área de pagos solamente en Euro, por sus siglas en inglés)

Contras

- Se enfrenta a problemas de tiempo de actividad, especialmente su motor de operaciones, los tiempos de espera de las páginas y los retrasos en la generación de nuevas direcciones de depósito.

- La interfaz UX no es tan atractiva

- Deshabilita de forma aleatoria algunas características de negociación sin comunicación o explicación previa a sus usuarios. Los ejemplos incluyen la desactivación de órdenes de stop-loss.

4. Cex

Cex se lanzó en el Reino Unido como entidad holding de una de las mayores compañías mineras de Bitcoin del mundo, ghash. Ghash controla alrededor del 42% del poder de hash de Bitcoin. Cex tiene su sede en el Reino Unido. CEX acepta depósitos en dólares estadounidenses, rublos rusos y euros a través de tarjetas de crédito, SEPA y transferencias bancarias. Acepta transacciones de usuarios de todo el mundo que quieran comerciar con Bitcoins o acciones de ghash mining. Cex se convirtió en una de las primeras plataformas en aceptar Bitcoin Cash (BCH), un tenedor de Bitcoin.

Pros

- Tiene una interfaz fácil de usar para principiantes con una gran variedad de características. Esto se suma a su oferta de una amplia gama de pares de operaciones, métodos de depósito y características de seguridad.

- Rápido y fácil proceso de registro a través de redes sociales para aquellos con cuentas de Facebook, Google, Github y VK.

- Ejecuta órdenes a través de marcos de trabajo de rellenar o matar (FOK) lo que hace que las transacciones sean más fáciles y rápidas para los principiantes.

- Dispone de API (Interfaz de Programación de Aplicaciones, por sus siglas en inglés) para desarrolladores de terceros para crear herramientas personalizadas para su plataforma.

- Tiene aplicación de comercio móvil.

- Todavía no ha experimentado problemas de seguridad con los depósitos de los clientes.

- Continúa añadiendo nuevos altcoins a su plataforma de operaciones.

- Permite realizar depósitos a través de tarjetas de crédito desde un número significativamente mayor de países en comparación con la mayoría de las plataformas, especialmente si se compara con Coinbase.

- Dispone de una página en su plataforma que permite a los usuarios conocer fácilmente las tasas de conversión incluso antes de registrarse.

- Ofrece operaciones de margen en algunos pares de operaciones como ETH/BTC, BTC/EUR, BTC/USD, ETH/USD.

- Dispone de herramientas de protección contra pérdidas.

Contras

- No todos los países están respaldados por transferencias bancarias y pagos con tarjeta de crédito.

- El servicio de atención al cliente tiene bajas tasas de respuesta.

- La aplicación móvil no es deficiente en la mayoría de los servicios ofrecidos en la web.

- Mientras que todavía está abrazando más altcoins, todavía tiene muy pocos altcoins que apoya.

- Experimenta grandes retrasos en la verificación, que normalmente lleva semanas. Sin embargo, están atribuyendo esto a la enorme afluencia de usuarios que también ha afectado a la mayoría de las principales plataformas de comercio.

5.   Coinmama

Coinmama es una plataforma fácil de usar que no requiere que uno tenga una criptomoneda inicial para comenzar a operar. Los nuevos usuarios pueden empezar por utilizar la moneda fiduciaria para comprar criptomonedas. Esta plataforma está disponible para usuarios en casi todos los países del mundo.

Pros

- Prácticamente no hay restricciones de tarjetas de crédito cuando se trata de comprar criptomonedas.

- Usted puede hacer depósitos a través de Western Union. Esto hace de Coinmama una de las pocas plataformas de operaciones que permiten depósitos en efectivo.

- Tiene uno de los límites de compra diaria más altos de $50,000 para nuevos registros.

- No tiene fondos de usuario. Por el contrario, vende desde sus participaciones. Este sistema lo hace más seguro.

- Rápida entrega de los pedidos.

Contras

- Es más caro en comparación con otras plataformas, ya que cobra un 12% por transacción.

- No permite pagos SEPA o por transferencia bancaria

- Interfaz de usuario muy básica que carece de la mayoría de las herramientas de operación, tales como herramientas avanzadas de operación y análisis, tales como gráficos.

- Pares de operaciones muy limitados (sólo soporta Bitcoin y Ether)

- Sólo venden pero no recompran. Por lo tanto, si usted compra una criptomoneda de ellos, usted tiene que encontrar una plataforma alternativa para venderla.

- Carece de API móvil que limita el desarrollo de soluciones personalizadas

Otras plataformas de operaciones populares

1. Bitstamp.net

2. Localbitcoins

3. Géminis

4. Bitfinex

5. Bisq

6. Sello de bitácora

7. Cex.io

8. Etoro

9. Poloniex

10. Hitbtc

11. Bitmex

12. GDAX.com

13. Etherdelta.com

14. Paxful.com

15. CoinATMradar.com

Cómo unirse a una plataforma de comercio e inversión

1. Regístrese para obtener su plataforma de operaciones preferida

2. Habilitar la autenticación 2Factor cuando sea necesario

3.	Llevar a cabo una evaluación comparativa continua de altcoins frente a Bitcoin

4.	Concéntrese en sus márgenes de ganancia

5.	Manténgase atento a los influyentes de la industria y a los formadores de opinión

6.	Considere su responsabilidad tributaria

Capítulo 22: Las Reglas del Comercio en Criptomoneda

Como con cualquier tipo de operación, siempre hay reglas, y las reglas de criptomoneda deben ser seguidas si usted va a tener éxito.

Regla 1: Empiece a lo Pequeño pero Piense en Grande

Este es también uno de los errores más grandes que cometen los principiantes, así que voy a atar los dos en una sección:

Error 9: Operar con Dinero Grande

La primera regla es mantener el riesgo lo más bajo posible y para los principiantes, eso significa conocer el mercado y entenderlo antes de hacer grandes apuestas. Usted ya sabe que la criptomoneda es muy volátil, y sería muy fácil perder toda o la mayor parte de su inversión en un solo día. Por lo tanto, es importante no apresurarse o entusiasmarse demasiado y tirar todo su dinero. Comience con poco, no más del 1% del valor total de sus activos, una cifra que podría perder sin demasiados problemas.

No hay manera de que pierda más dinero del que realmente pones, así que, como dije en el capítulo anterior, no invierta más de lo que pueda permitirse perder, y estará bien, incluso si las cosas salen mal.

Antes de que usted opte por invertir y decidir cuánto poner, hay un par de cosas que hacer:

1.   Mire en MarketCap en las cinco divisas principales, compruebe sus patrones y mire a aquellos cuyos precios han caído en la última semana.

2.   Observe los precios actuales del mercado y coloque los pedidos más pequeños en múltiples brechas de precios. Por ejemplo, si la divisa está operando a $1000, usted colocaría una orden limitada al 2%, luego al 5%, y luego al 10% por debajo del precio de mercado. Tenga paciencia; las órdenes limitadas necesitan probar los límites de las fluctuaciones de precio. no las embotelle para ejecutar la orden inmediatamente.

Otro punto importante y otro error que cometen los principiantes no es poner todo su dinero en una criptomoneda. Si lo hace y empieza a fallar, no va a estar contento. Diversifique un poco - no demasiado - y le diré por qué más tarde - y sus pérdidas, si las hay, serán mucho menores. Por ejemplo, si usted pone el 10% de su depósito total en una moneda y baja un 10%, su pérdida no es mayor al 1%.

Regla 2: Compre a un Precio Bajo y Venda a un Precio Alto

Pensaría que esto no necesita ser dicho, ¿verdad? Quiero decir, ¿quién va a pagar un precio alto por algo y luego venderlo a uno más bajo? Pero entonces, pregúntese lo siguiente: ¿por qué alrededor del 80% de los comerciantes pierden todo su dinero? La emoción se interpone en el camino en la mayoría de los casos y las personas hacen cosas irracionales cuando están emocionales. Cuando empiece a operar, establezca siempre objetivos de precios. También puede establecer límites a las ganancias/pérdidas como guía cuando compre o venda. Para empezar, establezca un límite de no más del 10% en cualquier dirección de cualquier movimiento en el precio para evitar que usted caiga en la emoción.

Regla 3: diversificar entre inversión y comercio

Esto se conoce como'hoddling' y lo que no voy a hacer es entrar en ningún debate sobre si el comercio o la inversión produce los mejores beneficios. El comercio consiste en comprar con frecuencia y vender con frecuencia para obtener beneficios de los cambios en el precio de mercado, mientras que la inversión consiste en obtener beneficios a largo plazo a través de la compra y venta de activos. Mantenga su cartera lo más equilibrada posible; invierta algo de dinero en criptomonedas estables como Bitcoin, Litecoin, Ether & Ripple y negocie en aquellas que no son tan conocidas, como dash, iota, nem, etc.

Error 10: diversificar demasiado pronto

Ahora voy a decir algo a bote pronto: Mientras que usted debe diversificar su cartera, no debe hacerlo demasiado rápido y no debe diversificar demasiado tampoco. ¿Por qué? El mundo de la moneda digital está por todas partes; hay altcoins golpeando el mercado a la izquierda, a la derecha y al centro y realmente no es fácil decir cuáles son reales y cuáles son las estafas.

Lo he dicho antes; lo diré de nuevo; haga su investigación. Elija sólo aquellas monedas que tengan una amplia distribución, que tengan altas capitalizaciones y volúmenes de operaciones que demuestren su longevidad. Empiece por lo pequeño y adquiera experiencia antes de diversificarse demasiado pronto.

Regla 4: Aprenda la Correlación entre Bitcoin y Altcoins

En este momento, Bitcoin tiene dos tercios del mercado y cuando su precio cambia, tiene un efecto en cadena en todo el mercado de criptomoneda. Una cosa que atrae a los operadores es la liquidez del mercado y, si el precio de Bitcoin subiera rápidamente (lo que ha ocurrido recientemente), entonces tendrían un gran incentivo para reducir sus existencias de monedas alternativas y reinvertir en Bitcoin. La correlación entre los dos es simple de entender: si es positiva, el precio de las monedas alternativas aumentará junto con Bitcoin y si es negativa, disminuirán a medida que Bitcoin aumente.

Regla 5: Aprenda a detectar las bombas y los vertederos

Los cambios de criptomoneda no están regulados, y esto significa que los grandes jugadores pueden manipular fácilmente el mercado. Lo hacen comprando rápidamente la liquidez del mercado y luego, tan pronto como los compradores y vendedores más pequeños entran en el mercado, venden a un precio alto y esto hace que el precio retroceda. Sin embargo, no todas las subidas repentinas son el resultado de una bomba y un vertedero. Antes de que se decida, hay algunas cosas que revisar:

• **Capitalización de Mercado** - comparar la capitalización de mercado de la moneda con otras monedas alternativas populares y determinar si puede sostener una subida de precios -.

• **Historia de Comercio** - mire el patrón de los precios en los últimos 6 meses más o menos y vea si ha habido alguna subida o caída repentina -.

• **Actualizaciones de Tecnología** - ¿ha habido alguna publicación importante por parte del equipo de desarrollo?

Regla 6: Manténgase Atento a los Eventos Importantes

Especialmente los políticos que se relacionan con el mundo de la criptomoneda. Se sabe que estos eventos han cambiado la forma de la moneda, lo que ha llevado a que se produzcan altibajos o caídas dolorosas en un instante. Sepa con lo que está lidiando y tiene una idea de en qué y cuándo poner su dinero. Por ejemplo:

1.	El 1 de abril de 2017, Japón anunció que consideraba que Bitcoin era una moneda de curso legal. En ese momento, Bitcoin estaba valorado en 1.085,03 dólares; en 10 días, el valor había aumentado a 1.215,69 dólares.

2.	El 1 de agosto de 2017, Bitcoin se convirtió en Bitcoin & Bitcoin Cash. En ese momento el valor era de $2,787.85; en 10 días, había subido a $3,383.79.

3.	En septiembre de 2007, el banco central de China prohibió las OIC (Ofertas Iniciales de Monedas). En ese momento, el valor de Bitcoin era de 4.563 dólares y, en 10 días, había caído a 3.530,27 dólares.

Regla 7: Aprenda Qué es el Análisis Técnico

La mayoría de las criptomonedas están tan lejos de las aplicaciones del mundo real que hay pocos datos y pruebas sobre si la tecnología ha sido adoptada y cómo lo está haciendo. No sabemos cuáles son sus cifras de ventas, no vemos los balances y, por lo tanto, es casi imposible llevar a cabo un análisis básico y determinar si el precio actual está sobrevalorado o infravalorado.

Si desea poder tomar las decisiones adecuadas, debe empezar a comprender el AT o el Análisis Técnico. Para hacer esto, usted necesita mirar los datos de mercado del pasado, generalmente el volumen y el precio de mercado. Encontrará mucha información en Internet sobre cómo empezar a trabajar en esto.

Regla 8: Aprenda a Correlacionar el OBV y el Precio Comercial

OBV son las siglas de On-Balance Volume y una de las mejores maneras de evaluar los indicadores de movimiento de los precios de mercado es correlacionar OBV con el precio comercial. OBV es un indicador con su base en los cambios de precio y volumen de operaciones. Si la tendencia tiene el precio al alza y el OBV está abajo, es un indicador de que los precios están bajando. Por el contrario, si la tendencia de los precios es a la baja y el OBV sube, los precios van a comenzar una marcha alcista.

Regla 9: Nunca comerciar en exceso.

Como con la primera regla, voy a relacionar esto con otro error común:

Error 11: Demasiado tiempo dedicado al comercio

A veces el volumen de operaciones no es lo suficientemente alto para mantener los precios subiendo y bajando y esto puede resultar en que el operador se ponga ansioso. Debido a esto, terminan vendiendo por posiciones subóptimas, lo que en última instancia resulta en pérdidas. No sólo eso, es posible perder dinero si se comercia continuamente. Usted puede estar entusiasmado con lo que está haciendo; puede sentarse toda la noche viendo los precios subir y bajar como un yoyó, buscando el momento adecuado para conseguir la operación perfecta. Esto es agotador, así que baje el tono y use un poco de sabiduría aquí. Los mercados de criptomoneda son increíblemente activos; si se pierde una operación, habrá muchas más. Y, si usted comercia cuando está cansado, cometerá algunos errores muy tontos.

Regla 10: leer, leer y luego leer un poco más

No puedo enfatizar esto lo suficiente; lea todo lo que pueda encontrar sobre las tendencias en los mercados de criptomoneda. Involúcrese en los canales y foros de discusión, lea las noticias, lea todo. Usted necesita tener suficiente conocimiento para saber que sus decisiones son informadas y no improvisadas.

Capítulo 23: Bitcoin

Cada transacción que está en la cadena de bloques de bitcoin va a estar disponible para que el público la vea en los registros públicos. Al hacer esto, no va a haber ninguna necesidad de una autoridad central, lo que significa que cualquier mantenimiento que haya que hacer será realizado por el sistema para mantener el software funcionando a su máximo potencial. Tomemos, por ejemplo, una transacción que se envía a otros usuarios de bitcoin; luego se va a emitir en la red que la persona transmitió a una persona b x cantidad de monedas.

Las transacciones que se completan en la red van a ser validadas antes de que puedan ser agregadas al libro mayor, lo que significa que los nodos también van a transmitir esa transacción mientras intentan verificar la compra. Para lograr una verificación independiente, tiene que haber una base de datos distribuida en la cadena de bloques que trabaje con los nodos y que trabaje en el almacenamiento de todos los datos en los lugares apropiados. Esto significa que cada bitcoin va a guardar sus datos en la cadena de bloques.

Los bloques se crean seis veces por hora a medida que se verifican y aceptan las transacciones. Cuando esto sucede, el software va a tener la capacidad de averiguar cuándo se ha gastado una cantidad de bitcoin para que no se duplique el gasto. Esto es extremadamente útil para crear un ambiente donde nada es monitoreado por una autoridad central.

La ventaja más destacada que va a encontrar con el uso de bitcoin es que va a estar más establecido y eso significa que no tendrá que preocuparse de que los servidores se apaguen tan a menudo para aplicar actualizaciones. Esto es bueno para los usuarios porque les hace sentir que el sistema va a ser más estable y van a tener más confianza en que no se va a estrellar debido a que la plataforma todavía está en beta.

Capítulo 24: El Futuro de Criptomoneda

Las criptomonedas pudieron dar el salto de un concepto académico a la realidad cuando Bitcoin fue lanzado en 2009. Bitcoin siguió atrayendo más seguidores en los años siguientes, y en 2013 llamó la atención de los medios de comunicación e inversores cuando alcanzó un récord de 266 dólares por Bitcoin. Bitcoin ha llevado un valor de mercado de más de dos mil millones de dólares en su punto álgido, pero luego experimentó una caída del 50%, lo que provocó un acalorado debate sobre el futuro de las criptomonedas. ¿Sustituirán estas monedas a las convencionales y serán tan universales como el euro y el dólar? ¿O son más bien una moda pasajera que se desvanecerá en unos años? Bitcoin parece tener la respuesta.

La norma actual

La naturaleza descentralizada de Bitcoin hace que esté libre de interferencias o manipulaciones del gobierno. También significa que no hay una autoridad central que se asegure de que todo funcione sin problemas ni nada que respalde su valor. Las monedas digitales son creadas a través de la minería que requiere que las computadoras descubran algoritmos complejos. El ritmo actual de creación es de 25 Bitcoins cada diez minutos, y la cantidad está limitada a 21 millones, que se espera que se alcance en el año 2140.

Esto es lo que hace que Bitcoin sea tan diferente de las monedas fiduciarias habituales, que cuentan con el respaldo de su gobierno. Las monedas Fiat están centralizadas y supervisadas por un banco central de una nación. Mientras que un banco tiene el control de la cantidad de dinero que se da de acuerdo con la política, no hay un límite superior para la cantidad que se puede emitir. Los depósitos suelen estar asegurados contra cualquier quiebra del banco por parte de un órgano de gobierno. Bitcoin no tiene ninguno de estos mecanismos de soporte. El valor de Bitcoin depende completamente de lo que los inversores pagarán por él en un momento dado. Si un cambio de Bitcoin se dobla, la gente que tiene balances de Bitcoin no tiene forma de recuperarlos.

Los beneficios de la transacción de anonimato y descentralización de Bitcoin también la han convertido en el pago favorito de muchas actividades ilegales, que incluyen la adquisición de armas, el contrabando, el tráfico de drogas y el blanqueo de dinero. Esto ha causado que atraiga la atención de agencias gubernamentales como la SEC, la Red de Aplicación de Crímenes Financieros, el Departamento de Seguridad Nacional y el FBI. El fincen emitió nuevas reglas en marzo de 2013 que definían a estos administradores y bolsas virtuales como negocios de servicios monetarios, lo que los llevó al ámbito de la regulación gubernamental. En mayo del mismo año, el DHS congeló una cuenta de Mt. Gox que se encontraba en Wells Fargo, diciendo que se habían violado las leyes contra el lavado de dinero. Luego, en agosto, el Departamento de Servicios Financieros de Nueva York emitió citaciones a 22 compañías de pago emergentes. Muchas de estas empresas manejaban Bitcoin. Las citaciones buscaban averiguar las medidas que estaban tomando para prevenir el lavado de dinero, y cómo asegurarían la protección del consumidor.

Alternativas de Bitcoin

A pesar de los problemas que ha tenido, la creciente visibilidad y el éxito de Bitcoin ha hecho que varias empresas revelen monedas alternativas, como:

- Litecoin - actualmente, este altcoin es visto como el mayor rival de Bitcoin. Fue creado para procesar transacciones pequeñas más rápido. A diferencia de la potencia que se necesita para Bitcoin, Litecoin se puede extraer con un ordenador normal. Litecoin tiene un máximo de 84 millones de monedas, cuatro veces más que el límite de Bitcoin.

- Ripple - opencoin lanzó Ripple. El mecanismo de pago de Ripple permite la transferencia de fondos en cualquier divisa para su uso en cuestión de segundos, lo que supone una gran diferencia con la confirmación de Bitcoin en diez minutos.

- Mintchip - A diferencia de la mayoría de los otros altcoins, el mintchip fue creado por una institución gubernamental. Esta moneda es una tarjeta inteligente que tiene un valor electrónico, y puede ser transferida entre los chips. Mintchip no requiere ninguna identificación personal, pero está respaldado por el dólar canadiense.

El futuro

Las limitaciones actuales a las que se enfrentan las criptomonedas, como que la fortuna digital de una persona sea borrada por un accidente, o que una bóveda virtual sea saqueada por un hacker, podrían ser superadas con el tiempo con nuevos avances. Lo que es más difícil de arreglar es la paradoja de las criptomonedas: cuanto más crecen en popularidad, más regulación y escrutinio del gobierno atraerá, lo que eventualmente erosionará el propósito fundamental.

Aunque puede haber un número creciente de comerciantes que aceptan estas criptomonedas, siguen siendo una minoría. Para que su uso sea más amplio, tendrán que obtener una aceptación generalizada entre sus usuarios. Su complejidad, en comparación con otras monedas, probablemente disuadirá a la gente, excepto a aquellos que son técnicamente expertos.

Una criptomoneda que busca formar parte del mundo financiero convencional tendrá que satisfacer una amplia gama de criterios. Tendrá que ser matemáticamente compleja para combatir a los hackers, pero lo suficientemente fácil para que el consumidor habitual la entienda. Debería ser descentralizada, pero con suficientes salvaguardias para la protección de los consumidores. También necesita mantener el anonimato del usuario sin que se utilice para el lavado de dinero, la evasión de impuestos y otras actividades ilegales.

Dado que todo esto es mucho que satisfacer, existe la posibilidad de que algunas de las criptomonedas populares que existen, en pocos años, puedan desarrollar atributos que se encuentran entre las criptomonedas de hoy y las monedas fiat reguladas. Aunque esto parece una posibilidad remota, no cabe duda de que el éxito de Bitcoin en la gestión de estos retos puede determinar las perspectivas de altcoins en los próximos años.

Conclusión

Gracias por comprar este libro. Espero que haya sido capaz de ayudarle a entender cómo invertir con éxito en criptomonedas. Pero más que sólo aprender, espero que se le haya animado a tomar acción sobre lo que aprendió porque en la batalla por invertir con éxito en criptomonedas, saber es sólo la mitad de la batalla. La otra mitad es la aplicación del conocimiento.

Las criptomonedas son un nuevo mundo emocionante para las inversiones y, con oportunidades emocionantes, los riesgos son mayores. Así que asegúrese de aplicar lo que aprendió aquí para que pueda aprovechar la ola de esta moderna fiebre del oro, pero al mismo tiempo, minimice los riesgos de perder su dinero por malas decisiones de inversión o por haber sido estafado.

¡Por tu éxito, amigo mío! ¡Salud!